Avant-propos

Des femmes, des hommes, des jeunes demandent aujourd'hui à découvrir la foi chrétienne. L'Église répond à leur attente de plusieurs manières, notamment en leur proposant un chemin de découverte de Dieu, de l'évangile et des communautés chrétiennes.

Evidemment, cette proposition est à adapter selon chaque cas, chaque mentalité, chaque milieu. D'où le parcours présenté ici. Il a été élaboré à partir de bien des rencontres par des chrétiens travaillant au service du monde ouvrier et par des chrétiens ayant une responsabilité au service diocésain du catéchuménat à Lyon. Cette collaboration fut féconde. Le souci commun fut d'être simple et vrai, suggestif et concret, à l'écoute des questions, des attentes et du langage du monde populaire et ouvrier.

Comme on le verra, ces fiches ne sont pas en principe destinées à des personnes qui ont fait de longues études ou qui préfèrent une présentation plus rédigée. Par ailleurs des fiches n'ont pas toutes les vertus. Elles ne remplacent pas d'autres moyens (livres, dialogues, etc.). Et elles ne dispensent pas d'une adaptation à chaque cas.

Simplement ces fiches sont pratiques. Chacune peut servir de guide pour une rencontre, après avoir été remise à la personne en recherche pour qu'elle la lise et prépare la conversation avec l'accompagnatrice ou l'accompagnateur, ou la rencontre de groupe. Nous souhaitons que celles et ceux qui utilisent ces fiches continuent à nous transmettre leurs observations, leurs remarques et leurs suggestions (Catéchuménat, 6 avenue A.-Max, 69005 Lyon).

Bon courage et merci.

Marie-Louise Gondal, Isabelle Vitry et Henri Bourgeois *du catéchuménat de Lyon,*
Michel Fischer, *ouvrier en soierie et nouveau baptisé,*
Jo Musser, *aumônier d'A.C.O.*
André Baffert, *responsable de paroisse, aumônier d'A.C.O., membre de l'équipe du catéchuménat de Lyon.*

Imprimé en France - Printed in France.
ISBN 2-7082-2749-1

Mode d'emploi de ces fiches

■ Ces fiches sont rédigées en fonction d'une *méthode* : partir de la parole des personnes en situation catéchuménale, faire entendre la parole et le témoignage des chrétiens, repérer des difficultés actuelles, méditer un ou des textes de l'Écriture, faire appel à la mémoire, indiquer des ouvertures pratiques en direction de l'avenir.
• Autant que possible, suivre cette méthode.
• Il y a parfois des variantes. C'est voulu : à cause du thème, et aussi pour changer un peu !
• Chaque fiche est prévue pour une rencontre de 1 h 1/2. Mieux vaut « ne pas faire » une des fiches que de vouloir en « faire » 3 à la fois !

■ A la rencontre de catéchèse, l'accompagnatrice ou l'accompagnateur et la personne en recherche ou le catéchumène ont *la fiche en mains*. Il en faut donc au moins 2 exemplaires (un peu plus, quand d'autres personnes s'associent à l'échange).
• La fiche aura été remise, la fois précédente, au catéchumène pour y réfléchir d'avance et préparer la rencontre.
• Ne pas donner au catéchumène toutes les fiches à la fois : cela fait beaucoup et surtout ces fiches ne sont pas à « butiner » au hasard.

■ Il y a dans le parcours que voici *3 séries* de fiches :

1. la première va *de la demande initiale jusqu'à une célébration, l'entrée en Église* ou (pour des personnes déjà baptisées) la première profession de foi en Église.

2. deuxième série : pour le temps qui va *de l'entrée en Église jusqu'au baptême et à l'eucharistie* ou (pour des personnes déjà baptisées) jusqu'à une eucharistie marquant le chemin fait. Donc le temps majeur du parcours catéchuménal.

3. troisième série : *du baptême-eucharistie à la confirmation*, soit à peu près une année de « néophytat », tant pour des personnes venant d'être baptisées à l'âge adulte que pour des personnes qui ont été baptisées à la naissance et qui se préparent à la confirmation (ou à son équivalent si elles ont déjà été confirmées).

• Chaque série a une autonomie.

• Mais la 2ᵉ série présuppose en principe la 1ʳᵉ : cela se comprend !

• Quant à la 3ᵉ, elle peut être envisagée comme telle, sans autre préalable pour des personnes qui seraient déjà chrétiennes et évangélisées et qui demandent à être confirmées à l'âge adulte.
C'est pourquoi elle est présentée à part.

■ Ces fiches ont un *ordre*. Elles n'ont pas été numérotées au hasard ! On peut, certes, modifier cet ordre dans un cheminement concret. Mais il faut pour cela une raison. Et surtout il faut bien réaliser que la méthode mise en œuvre ici implique une *progression*, celle précisément de l'initiation.

• Cet ordre nous semble spécialement important pour la 1ʳᵉ et la 2ᵉ séries.

• Celui de la 3ᵉ série (néophytat en vue de la confirmation) est plus souple et peut être redistribué selon les besoins.

■ La *participation* de la personne en initiation est la suivante : lecture de la fiche avant la rencontre, mise par écrit (sur une feuille) de quelques mots en réponse à la question ou aux questions du début de la fiche (tu as la parole), parfois lecture de certains textes à aller chercher dans un Nouveau Testament ou un missel des dimanches (cela au bout d'un certain temps), une phrase à mémoriser, des actions à faire «pour aller plus loin», parfois une fiche à faire personnellement (notamment avant les grandes étapes).

• Le parcours suppose donc que l'on ait un carnet ou un cahier pour écrire — et que l'on relise de temps en temps les notes prises.

■ Ces fiches ne sont pas forcément à utiliser dans leur totalité. On peut *sauter* l'une ou l'autre.

Dans la *1re série*, les points de départ peuvent varier. Certaines personnes sont très loin de la foi (pour elles les fiches 1, 2, 3, 4, 5 sont précieuses). D'autres sont déjà croyantes (alors, après les fiches 1 et 3, on peut passer à la fiche 6).

Dans la *2e série*, en certains cas, telle ou telle fiche peut s'imposer moins, surtout si le temps se fait court. Ou encore être travaillée personnellement.

• Mais dans cette 2e série, les thèmes retenus l'ont été parce qu'ils sont structurants et initiateurs.

Dans la *3e série*, le choix est normal, selon les intérêts, le temps disponible etc. Mais il y a plusieurs pôles à tenir : un retour sur ce que l'on a vécu, une découverte de l'Esprit et de sa présence dans le monde, une connaissance de l'Église (ses groupes, son histoire), une découverte des Actes et de Paul, quelques expériences fortes (le couple, le rapport hommes-femmes, la prière, le sentiment d'être soi-même, la souffrance), la responsabilité chrétienne (le témoignage, la justice).

■ On le verra, certaines fiches sont «à faire *en groupe*», autant que possible. Elles sont distribuées à intervalles à peu près réguliers. Cette suggestion veut indiquer que l'accompagnement personnalisé qui est l'option de la méthode catéchuménale en France va de pair avec des rencontres à plusieurs et un réseau.

• Cette dimension communautaire apparaît dès la 1re série (fiches 4, 11, 16). Elle se développe dans la 2e série (fiches 21, 25, 30, 34), d'autant plus qu'à la fin de cette phase les contacts se multiplient en vue du baptême et de l'eucharistie qui approchent. Enfin l'accent communautaire jalonne la 3e série (selon des formules qui peuvent varier, mais sans abandonner l'accompagnement individuel) : fiches 42, 45, 47, 50, 54, 58, 60.

■ D'autres fiches sont «*à faire personnellement*». Dans la 1re série la fiche 17. Dans la 2e série, la fiche 32. Puis, dans la 3e série, les fiches 49, 53, 56.

■ On verra vite, en se servant de ces fiches, qu'elles proposent un véritable *chemin*. Il y a, par conséquent, un «ordre» dans la découverte : il vaut mieux dire ceci avant cela. Par ailleurs certains thèmes reviennent à dessein plusieurs fois. Ainsi :

	1re série	**2e série**	**3e série**
- la vie de disciple	n° 16	n° 21	
- la prière	n° 8	n° 22	n° 57
- la Bible	n° 15		n° 46
- le baptême		n° 19, 33, 39	
- l'eucharistie		n° 27 et 36	
- l'Église	n° 14, 18	n° 34	n° 42
- la souffrance		n° 25	n° 51

• Par ailleurs le souci d'intérioriser ou de personnaliser la démarche conduit de temps en temps à faire le point :
  • 1re série : n° 17
  • 2e série : n° 32 et 39.

■ Les fiches ne sont pas tout ! Les accompagnateurs et aussi certains catéchumènes (y compris des gens qui «lisent» peu) auront profit à *lire* les livres de Pascal Thomas : *Croire en lui* (pour la 1re et 2e série des fiches) et *Croire pratiquement* (pour la 3e série). Ces deux livres ont été publiés par le Catéchuménat de Lyon chez Fayard Mame. Ils sont «étudiés pour» un parcours catéchuménal.

1 OÙ EN ES-TU, TOI QUI COMMENCES ?

TU AS LA PAROLE

Avant de commencer le parcours de la foi, il serait utile que tu fasses un peu le point. Nous te proposons de le faire en trois temps :

- ***d'abord préciser ce que tu crois déjà ;***
- ***ensuite préciser ce qui te gêne ou te bloque pour croire plus ;***
- ***enfin dire ce que tu attends de la démarche qui commence.***

1. Ce que tu crois déjà

A ton avis, à quoi tu crois pour l'instant ?

> *Pour t'aider, regarde autour de toi :*

• Il y a des gens (peu nombreux) qui disent ne croire en rien. Tu en connais, sans doute.
Mais il font souvent confiance à d'autres personnes, il travaillent pour leurs enfants, ils se passionnent pour certaines améliorations de la vie.

• Il y a des gens qui croient en l'homme, en la vie, en l'avenir, mais ils ne croient en rien de religieux (Dieu, l'au-delà).
Tu en connais sûrement. Qu'est-ce que tu en penses ?

• Il y a des gens qui ont des croyances religieuses : les chrétiens, les musulmans, les bouddhistes, etc.
Est-ce que tu crois que ces croyants différents peuvent s'apporter quelque chose les uns aux autres ? et quoi ?

> *Maintenant tu veux bien essayer de dire à quoi tu crois surtout ? (tu pourrais l'écrire sur un papier en préparant la rencontre ou après la rencontre.)*

2. Ce qui peut-être te gêne ou te bloque

Cela dépend des personnes, des circonstances, etc.
Ces dernières années, nous avons rencontré des personnes qui étaient arrêtées :
• par le *mal*, le *malheur*, la *souffrance* : comment croire quand on voit ce qu'on voit ?
• par certaines *positions* de l'Église : sur la sexualité, sur l'argent et la vie économique, contre le racisme, etc.
• par certaines *hésitations* sur la religion : est-ce que « tout cela » est bien vrai ?

> *Et toi, as-tu (peut-être) quelques difficultés ? Si tu n'en trouves pas, ne te force pas ! Mais regarde quand même... où tu en es.*

3. Ce que tu attends de la démarche qui commence

A nouveau, cela dépend !
• Est-ce que tu veux mieux comprendre certains points de l'*existence humaine* ?
Exemples : l'espérance, la solidarité, l'au-delà, la liberté, etc.
• Est-ce que tu veux découvrir certains points de *l'évangile* ?
Exemples : la vie de Jésus, le commencement du monde, le sens du baptême, etc.
• Est-ce que tu veux *rencontrer* des gens, des frères et des sœurs, pour causer avec eux et te sentir en confiance ?

> *Qu'en penses-tu ? Bien sûr tu peux « choisir » plusieurs réponses !*

(Écris dans cette colonne quelques mots)

2 CROIRE, ON PEUT !

TU AS LA PAROLE
Si on te dit : « croire » ou « être croyant », qu'est-ce que cela veut dire pour toi ? A quoi penses-tu ?

Ce que croient les chrétiens

On croit avec ce qui est *au fond de soi* (des questions sur sa vie, de l'espoir, de l'amour).
On croit aussi avec ce qui vient *de l'extérieur* (rencontres, événements).
On croit également parce que l'on *cherche* et que l'on *découvre*.

Comment comprends-tu cela ?
Est-ce que cela te dit quelque chose ?
Dirais-tu autrement ?

Témoignages de gens qui commencent à croire

« Je sens qu'il y a quelque chose mais je ne sais pas dire quoi. »

« Il y a longtemps que j'y pense, mais je n'ai pas encore eu l'occasion de m'en occuper. »

« Dieu, je sens que c'est une des questions auxquelles il faut que je donne du temps si je veux que cela avance. »

« Depuis des années, je fais des choses au syndicat. Maintenant j'ai besoin d'aller plus profond. »

« Dans mon milieu, personne n'est croyant : je me sens un peu bizarre de m'y intéresser... »

Te reconnais-tu dans l'une ou l'autre de ces paroles ?

Difficultés aujourd'hui

« Pour croire, il faut avoir du temps ou un tempérament spécial ou un minimum de conditions de vie. Ce n'est pas fait pour tout le monde. »

« J'ai envie de croire, mais j'ai le sentiment que c'est compliqué : on n'a pas les mots, on ne sait pas s'expliquer. »

« Croire, je voudrais bien mais je ne veux pas trahir ma famille ou mon milieu. »

▶

«Je voudrais bien croire mais je ne suis pas d'accord avec tout dans l'Église.»

Ces difficultés sont-elles les tiennes ?
Tu fais une démarche.
Pourquoi ?
Est-ce que tu y penses depuis longtemps ?
Qu'est-ce que tu attends ?
Qu'est-ce que tu souhaites ?

A RETENIR EN TA MÉMOIRE
«Vous avez été appelés à la liberté»
(parole de la Bible)

TEXTES BIBLIQUES

• **Venez et voyez** (Ce texte a été choisi parce qu'il montre ce que c'est que la rencontre d'un homme dont tu entendras beaucoup parler, Jésus.)

« Deux hommes avaient entendu parler de Jésus et marchèrent derrière lui.
Jésus se retourna.
Il leur dit : ''Que voulez-vous ?''
Ils lui répondirent : ''Maître, où demeures-tu ?''
Il leur dit : ''Venez et voyez.'' »

Évangile de Jean, ch. **1**, *versets 37-39*

Voilà un petit flash d'ensemble. A quoi es-tu sensible ?

• **Ma joie et votre joie** (Parole de Jésus, peu avant sa mort)

« Que ma joie soit en vous et que votre joie soit parfaite ! »

Penses-tu qu'il y a un rapport entre la religion et la joie ?

POUR ALLER PLUS LOIN...

Retiens quelque chose que tu as découvert et qui est une lumière pour toi.
On te souhaite d'avoir le goût d'avancer !

Tu ouvres un carnet ou un cahier :

sur la page de gauche, tu mets tes questions ou tes pensées ;
sur la page de droite, tu écris des textes.
A chaque fiche tu auras quelque chose à écrire ou à coller.
Mets le titre de la fiche à chaque fois, sur une nouvelle page.

Si tu le veux, tu encadres *une formule dans l'un des textes bibliques.*
Tu te la redis de temps en temps.

3 DIEU, UNE PRÉSENCE

TU AS LA PAROLE

Même si tu ne connais pas encore Dieu, que pourrais-tu dire de lui? Qu'est-ce qu'il représente pour toi?

Ce que croient les chrétiens

Les chrétiens font *de la place* dans leur vie à quelqu'un qu'ils appellent Dieu.
On ne le voit pas, on ne l'entend pas, on ne peut pas le toucher.
Pourtant les chrétiens disent qu'*il est là*, qu'il vit avec les humains et avance *avec* eux.

Comment comprends-tu cela?
Est-ce que cela te parle?

Témoignages de croyants

Une maman d'un enfant de 7 ans : «Dieu m'aide. Je fais appel à lui souvent. C'est une protection. Cela réconforte.»

Une jeune caissière : «Je sens une présence. Je ne sais pas bien comment dire ça. C'est une présence à côté de moi.»

Des parents qui ont perdu un enfant : «Devant la mort, on ne peut rien dire. Dieu, c'est un peu de lumière.»

Un commerçant : « En rencontrant Dieu, j'ai appris à mieux aimer les autres... Maintenant je n'ai plus peur de me mouiller pour lutter avec les copains contre ce qui ne va pas. »

> *Et toi, as-tu déjà été frappé(e) par ce que t'ont dit ou par ce que tu as vu vivre par des chrétiens ?*

Difficultés aujourd'hui

« Je réfléchis, mais Dieu reste obscur pour moi ».

(une fille, 18 ans)

« Pourquoi Dieu permet-il tout le mal que l'on voit dans le monde ?

(un homme au début d'une recherche de foi)

« Pourquoi certains croient-ils en Dieu et pas les autres ? Comment cela se fait ? Dieu a-t-il ses têtes ? »

(un jeune)

« Pourquoi Dieu n'est-il pas plus évident ? »

(un homme qui est à la retraite)

> *Et toi, quelles difficultés as-tu ?*
> *Note bien que tu n'es pas obligé d'avoir des difficultés !...*

POUR GARDER EN TA MÉMOIRE

« Dieu est amour, Dieu est lumière, Dieu notre père »

(un chant chrétien)

TEXTE BIBLIQUE

Dieu est là, mais ne fait pas de bruit

« Voici que Dieu passa.

Il y eut un grand vent, tellement fort qu'il fendait les montagnes et cassait les rochers, mais Dieu n'était pas dans la bourrasque.

Après le grand vent, il y eut un tremblement de terre. Mais Dieu n'était pas dans le tremblement de terre.

Après le tremblement de terre, il y eut un feu. Mais Dieu n'était pas dans le feu.

Et après le feu, ce fut le bruit d'un vent léger...

Dès qu'Élie entendit ce petit vent, il se voila le visage avec son vêtement et il sortit.

Alors une voix lui parvint qui disait : ''Que fais-tu ici, Élie ?'' »

> *Cette scène te fait-elle comprendre quelque chose au sujet de Dieu ?*
> *Comment pourrait-on la transposer dans la vie courante ?*

POUR ALLER PLUS LOIN...

> *Après cet échange, repense à tout cela :*
> *qu'est-ce que tu retiens ?*
> *à quoi as-tu envie de repenser ?*
> *qu'est-ce qui reste obscur pour toi ?*
> *qu'est-ce que tu aimerais approfondir ?*

Note sur ton carnet ou ton cahier.

4 DIEU AIME TOUT LE MONDE*

**(Cette fiche peut être «faite» avec quelques amis.)*

L'amour, ce n'est pas évident, pourtant ça vaut plus que tout. Quand on aime ou quand on est aimé, ça change la vie...

Ce que croient les chrétiens

Dieu s'intéresse à tous les humains et il tient beaucoup à chacun de nous.

L'amour des autres est une grande chose. Les croyants découvrent que l'amour de Dieu est encore plus fort.

Ce n'est pas parce qu'on est des gens bien que Dieu nous aime. C'est parce que nous comptons beaucoup pour lui et qu'il nous veut heureux.

Difficultés aujourd'hui

Bien des gens ne croient pas à l'amour parce qu'ils n'ont pas été assez aimés ou parce qu'ils ne se rendent pas compte de tout l'amour qui leur a été donné.
Dans un monde de violence et de méfiance, comment croire que Dieu est amour ?
Passe encore de croire que Dieu aime certaines personnes, mais comment croire qu'il aime tout le monde ?

Témoignages de croyants

« Chaque jour je découvre un peu plus ce secret : Dieu nous aime d'un amour que rien ne peut décourager. »

(un père)

« Si l'on savait à quel point Dieu aime les hommes, cela changerait tout. »

(une femme devenue chrétienne depuis peu)

« Quand je me regarde, je vois bien mes défauts. Et je me dis : comment Dieu peut-il m'aimer quand même ? »

(un jeune en difficulté)

« Je croyais que personne ne m'aimait jusqu'à ce que j'aie rencontré Dieu. »

(une femme seule, 40 ans)

« Je crois que Dieu aime autant les étrangers que les Français, les femmes que les hommes. Même les délinquants. Même ceux qui ne croient pas en lui. »

(un Antillais, agent de service)

Avec laquelle de ces personnes aimerais-tu causer ?
(ou bien, si plusieurs personnes sont là : aimerions-nous causer ?)

TEXTES BIBLIQUES

« Une femme oublie-t-elle son enfant ?
Cesse-t-elle d'aimer celui qu'elle a mis au monde ?
Même s'il y en avait une pour l'oublier,
Moi, dit Dieu, je ne t'oublierai jamais. »

*(Isaïe, **48**, 15)*

Dieu n'oublie jamais personne. Nous, nous risquons de l'oublier !

« Je t'unirai à moi pour toujours dans la tendresse et l'amour, dans la fidélité et tu me connaîtras, dit Dieu. »

*(Osée, **2**, 21-22)*

Étonnant, non ?

« Votre Père du ciel fait lever son soleil sur les méchants et sur les bons et tomber la pluie sur les justes et sur les injustes. Si vous aimez ceux qui vous aiment, pouvez-vous vous attendre à être félicités ? »

*(Jésus, dans l'évangile de Matthieu, **5**, 45-46)*

Est-ce que cela est ennuyeux que Dieu aime des gens que l'on n'aime pas ?

POUR GARDER EN TA MÉMOIRE

« O Seigneur, notre Dieu, qu'il est grand ton nom, par toute la terre ! » (Psaume 8)

POUR ALLER PLUS LOIN

A quels signes, peut-on voir que Dieu aime tous les hommes ?

Croire que Dieu aime chacune et chacun, est-ce que cela change la façon dont on voit les gens et la vie ?

5 DIEU EST CRÉATEUR

TU AS LA PAROLE

• A ton avis, à quel moment peut-on dire que ce que l'on vit est créateur ? Qu'est-ce qu'il faut ?

• Quand on dit que Dieu est créateur, est-ce que l'on dit quelque chose d'important sur lui ?

Ce que croient les chrétiens

Comme beaucoup d'autres croyants, les chrétiens disent que Dieu crée. Cela signifie qu'il *fait exister* d'autres êtres que lui : le monde et l'humanité.

Cela est créateur : c'est un bel acte, audacieux, original. Dieu fait du *neuf*. Il lance dans l'existence les choses et les humains. Et il aime ce qu'il crée. Comme un Père. Et un Père qui est tout-puissant en tendresse et en affection pour ce qu'il crée.

Pourquoi Dieu crée-t-il ? Parce qu'il veut faire *partager* ce qu'il est. Il donne son amour et voici que le monde se met à exister et voici que les êtres humains se sentent, eux aussi, appelés à aimer et à créer.

La création est un acte unique : Dieu fait exister ensemble tout le réel. D'autre part, la création de tout ce qui existe, telle que Dieu la réalise, est *bonne*. C'est un acte positif. Mais la création n'est pas parfaite. Sinon elle serait divine, elle serait Dieu. Elle est donc limitée, finie.

Cette *limite* tient à ce qu'est toute créature : être créé, c'est ne pas être Dieu, c'est être imparfait, avec des aspects inachevés.

Cela est une *chance*. Car si on est inachevé, cela veut dire que l'on a de l'avenir et qu'il faut, autant que possible, aller de l'avant, avancer. Mais parfois c'est un *risque*. Car, si l'on est créé, on peut mal le prendre et vouloir ne dépendre que de soi en se coupant de Dieu.

Ne t'inquiète pas si cela n'est pas encore tout clair !...

Témoignages de croyants

« Si Dieu est créateur, je comprends qu'on l'est un peu, nous aussi, en mettant au monde des enfants, en inventant la vie, la joie et la liberté. »

(un jeune)

« Peut-être que les humains ont de la peine à se laisser créer. Parfois on se dit que, si l'on est créé, on n'est pas libre parce qu'on dépend de Dieu. Et puis, ensuite, on va plus loin et on se dit que dépendre de Dieu n'est pas une gêne. Car il nous lance dans la vie, il est notre source. »

(une jeune baptisée)

Deux opinions...
De laquelle te sens-tu le plus proche ?

Difficultés

• Certaines personnes pensent que la création a eu lieu il y a longtemps et qu'elle n'a pas lieu sans cesse.

• Parfois on préfère penser que Dieu nous aide ou nous libère mais on n'a pas l'idée qu'il est une source.

• Parfois on croit créer en voulant être maître de tout.

• Certaines personnes ont de la difficulté à croire en Dieu créateur étant donné le mal que l'on voit et qui semble excessif, même en admettant que le monde soit limité.

POUR GARDER EN TA MÉMOIRE

« Je crois en Dieu le Père tout-puissant, créateur du ciel et de la terre »

TÉMOIGNAGE BIBLIQUE

Dès la première page de la Bible, on affirme que Dieu crée. Il fait le ciel et la terre, la lumière, la végétation, les étoiles, les oiseaux, les poissons, les animaux et, pour finir, l'homme (Adam) et la femme (Ève).

A chaque fois, le texte dit : « *et Dieu vit que cela était bon* ». A propos des humains, il est même dit : « et *Dieu vit que cela était très bon* ».

L'homme et la femme sont créés en finale, comme une synthèse de la création, à l'image et à la ressemblance de Dieu.

> « Dieu créa l'homme à son image,
> à l'image de Dieu il le créa,
> homme et femme il les créa. »

(livre de la Genèse, ch. **2**, *v. 27)*

Il serait bon de lire le texte en entier aux ch. **1** *et* **2**.
Dieu est à la source *de la vie.*
Il crée un univers qui a un sens et qui est bon.
Mais les humains ont de la peine à être créateurs, à leur tour. Ils se laissent tromper par les apparences (Ève et Adam sont mal orientés par le serpent) ou la jalousie et la violence (Caïn et Abel).

POUR ALLER PLUS LOIN...

Dirais-tu que tu es créateur (ou créatrice) ?

Croire en Dieu, cela t'aide-t-il à créer ?

Pendant la semaine qui vient, cherche à être attentif à des actes de création. Tu pourrais les noter d'un mot sur ton carnet ou ton cahier ?

Sur ton carnet ou ton cahier, tu colles une photo ou un poème qui te semble exprimer comment Dieu est créateur.

6 ALLER VERS DIEU : ABRAHAM

TU AS LA PAROLE

Tu connais ce nom d'Abraham ? As-tu entendu des noms de quelques grands croyants du passé ? Connais-tu des gens qui, dans le monde, ont été du début d'une grande aventure pour beaucoup d'autres ?

TEXTE BIBLIQUE

« Dans la région de Ur en Chaldée (= l'Irak actuel) vivait un homme du nom d'Abraham. Sa femme Sara ne pouvait pas avoir d'enfant. Dieu dit à Abraham : ''Quitte ton pays, la maison de ton père. Va dans le pays que je vais te montrer. Je ferai de toi le père d'un grand peuple. Ma protection bienveillante reposera sur toi. Ton nom sera grand. A cause de toi, on pourra dire : paix à l'humanité car Dieu l'aime.'' Abraham partit, comme le Seigneur lui avait dit. »

(extrait du livre de la Genèse, ch. **11** *et* **12***)*

Voudrais-tu souligner quelques mots qui te parlent le plus ou qui t'arrêtent ?

Ce que croient les chrétiens

Abraham (1850 avant Jésus) est le père des croyants, le premier de tous, celui qu'on regarde pour apprendre à croire.

Abraham est à la source d'un peuple qui nous transmet la foi. Il est un homme qui fait confiance à Dieu et qui se laisse orienter par lui.

Difficultés

Faire confiance, c'est souvent risquer, oser. Et c'est dur, surtout quand on est seul.

L'appel de Dieu est souvent difficile à entendre. On ne peut pas toujours dire tout de suite : « C'est cela que Dieu me demande. »

On a peur de se faire avoir et de mal placer sa confiance.

Mille difficultés n'empêchent pas...

Témoignages d'aujourd'hui

« Ma venue en France m'a permis de devenir chrétien. J'y pensais déjà au pays. Mais ce n'était pas possible dans ma famille. Et je suis parti en France, ce qui m'a permis de découvrir le Dieu des chrétiens. »

(N'Guessan, Côte-d'Ivoire)

« Je suis arrivée dans un grand ensemble sans vie et froid, anonyme. Depuis qu'on a créé un comité (pour les loyers, la circulation), l'ambiance a changé. Et pourtant au début beaucoup n'y croyaient pas. »

(une jeune femme)

« Quand je suis venu dans votre groupe, je n'avais pas de travail. Quand je suis parti, je n'en avais toujours pas. Mais ça m'a changé : on se sent moins seul, on a plus de courage, ça m'empêche de me laisser aller. »

(un jeune chômeur)

Connais-tu des gens à qui tu peux demander comment ils croient ?

Le témoignage d'Abraham

Abraham est disponible : il n'est pas enfermé dans ses problèmes ou dans ses croyances toutes faites. Il n'est pas non plus blasé ou désabusé.

Un jour, il comprend (parce que Dieu le lui fait comprendre) que sa vie peut changer : il peut marcher vers quelque chose de neuf qu'il ne connaît pas encore. Ce n'est pas pour gagner plus ou avoir une vie plus confortable, mais pour être fidèle à un appel qu'il ressent.

Et il ne se contente pas de rêver : il part avec ce qu'il a. C'est à l'aventure mais il n'est pas dans le noir car il fait confiance à la promesse de Dieu.

Les chrétiens disent que Dieu parle. Comment comprends-tu cela ? Crois-tu que la vie peut changer à cause de Dieu ?
Écouter, faire confiance, oser : c'est toujours l'expérience des chrétiens aujourd'hui.

POUR GARDER EN TA MÉMOIRE

« Ta descendance, Abraham, sera aussi nombreuse que les étoiles du ciel et que le sable qui est sur le rivage de la mer. »

(livre de la Genèse, ch. 22, v. 17)

POUR ALLER PLUS LOIN

Prends le temps de comprendre ce que c'est que la confiance :

La confiance, ça se développe peu à peu. Et ça n'est pas la naïveté !
Quand on fait confiance, on peut comprendre que Dieu nous appelle.
Pour pouvoir vivre la confiance, on ne peut rester dans son coin.

Tu peux lire d'autres textes bibliques sur Abraham.

Demande des indications à celui ou celle qui t'aide à découvrir la foi.

Tu sais peut-être que Abraham est père des croyants pour les juifs et pour les musulmans. Tu en connais ? Tu penses qu'ils connaissent Abraham ? Tu pourrais vérifier...

7 TRAVERSER DES OBSTACLES AVEC DIEU : MOÏSE

TU AS LA PAROLE

- ***Quand tu entends parler de libération, à quoi tu penses ? Est-ce que cela te fait quelque chose ?***
- ***Tu crois que c'est possible que quelque chose change dans ce que tu vis ?***

Ce que croient les chrétiens

Les chrétiens croient que Dieu est pour la liberté.

Ils croient qu'après l'aventure d'Abraham, la première grande expérience de libération s'est vécue avec Moïse (1250 avant Jésus).

Dieu était avec Moïse pour libérer le peuple.

Témoignage de Moïse

Moïse trouve en Dieu le courage de s'y mettre.
Il est sûr que Dieu est avec lui pour changer l'histoire et libérer le peuple.
Dieu aujourd'hui nous rencontre pour nous aider à nous libérer.

TEXTES BIBLIQUES

- **L'appel de Moïse**

Dans le désert, au milieu d'un buisson qui n'en finissait pas de brûler, Moïse entendit Dieu lui parler : « J'ai vu la misère de mon peuple en Égypte. J'ai prêté l'oreille à ses cris. Je suis décidé à le délivrer. » Dieu dit encore : « Je serai avec toi. »

(livre de l'Exode, ch. 3)

(Dieu n'oublie pas les humains.)

Témoignages d'aujourd'hui

«Je sens de plus en plus que Dieu est près des plus pauvres et veut les aider à obtenir ensemble leur dignité.»

(une jeune, nouvelle chrétienne)

«Depuis que je suis croyante, je me laisse moins écraser par les difficultés. Mon mari ne me reconnaît plus. Je ne dis plus forcément amen à ce qu'il dit.»

(une mère de famille)

«On ne réussit rien sans peine. La vie n'est jamais toute en noir ou toute en rose. Dieu nous aide à tenir bon.»

(des parents)

«Ce que j'aime chez Moïse, c'est que ce n'est pas un rêveur. Pour lui, la foi passe par le concret.»

(un nouveau chrétien)

Difficultés

Dieu, on ne peut le comprendre en plein. On le reconnaît en avançant avec lui.
On part souvent plein d'ardeur pour faire des choses dans la vie. Et puis on se fatigue! C'est dur de tenir malgré les obstacles. On aimerait savoir où l'on va avec Dieu. Mais il nous dit : «Vous verrez!», «Vous verrez bien!»

Les difficultés, ça se traverse...

POUR GARDER EN TA MÉMOIRE

«Rendez grâce au Seigneur, car il est bon Car éternel est son amour» (Psaume 106)

• Dieu donne son nom

Moïse dit : «Si on me demande quel est ton nom, que répondrai-je?» Dieu dit à Moïse : «Je suis celui que je serai» (= celui qui est et dont tu reconnaîtras peu à peu l'action et l'amour).

(livre de l'Exode, ch. **3***)*

(Dieu ce n'est pas «quelque chose», c'est quelqu'un. On peut lui parler. En tout cas, il nous parle).

• Moïse et le peuple traversent la mer

Moïse étendit la main. Dieu refoula la mer. Il la mit à sec. Il y eut comme un chemin au milieu de l'eau... Le peuple passa... Ce jour-là, Dieu sauva son peuple et son peuple crut en lui.»

(livre de l'Exode, ch. **12***)*

(Un chemin au milieu de l'eau, au milieu des difficultés...).

• Dieu fait alliance avec son peuple

Après la traversée de la mer, dans le désert, la Bible nous raconte que Dieu s'est lié à son peuple et s'est engagé pour l'avenir. Il dit : «Si vous observez cette alliance, vous serez mon peuple à moi.»

(livre de l'Exode, ch. **19***)*

Lequel de ces textes te frappe le plus?
Comment l'appel de Dieu à Moïse résonne-t-il en toi, aujourd'hui?

POUR ALLER PLUS LOIN

Est-ce que tu as un pas à faire pour faire une traversée et avancer (oser parler, etc.)?
Une action menée avec d'autres est souvent une chance pour rencontrer Dieu.
Cette semaine où tu réfléchis sur cette fiche, demande-toi, avant de t'endormir, si tu as eu une occasion d'aider d'autres à mieux vivre.
Si parfois tu es coincé, Dieu a la possibilité de te libérer!
Il y a peut-être autour de toi des personnes qui vivent une libération. Tu en connais. Est-ce que cela t'aide?

Sur ton cahier, tu écris quelques cas. Et tu colles une ou deux images de magazine pour les illustrer...

8 PRIER DIEU

TU AS LA PAROLE

• Prier, cela te fait penser surtout à quel mot dans la liste que voici : silence, recueillement, demande, chant, ennui, grand-mère, messe, paix, moine ?
• Prier : cela t'arrive-t-il ?
• As-tu vu des gens prier ?

Ce que croient les chrétiens

Les chrétiens ne sont *pas les seuls* à prier : il y a les autres croyants (juifs, musulmans, etc.) qui prient, eux aussi.

Prier, c'est *se rapprocher* de Dieu et donc des autres, s'ouvrir à son amour et donc se faire plus proche des autres.

Prier, ce n'est pas forcément réciter quelque chose. C'est aussi *écouter* Dieu.

La prière a plus d'*effet* qu'on ne le pense parfois. L'expérience le montre.

Prier, c'est un peu comme *respirer*. Mais avec le fond de soi, avec son cœur.

On peut prier seul et on peut prier en groupe. Parfois certaines personnes ont de la peine à prier *avec d'autres*, surtout à haute voix. Elles se sentent gênées. Mais, si elles tiennent bon, elles découvrent ce qui est un étonnant partage : on met en commun la prière.

La prière, c'est *une possibilité* que tous les êtres ont mais qui n'est pas toujours mise en œuvre et qui reste (parfois) en friche.

Qu'est-ce que tu as expérimenté, de ton côté ?

Témoignages d'aujourd'hui

« La prière, c'est pour moi un moment où je revis. Souvent, je lis un texte biblique pour démarrer. Et puis je prie à ma manière. »

(une catéchumène)

« Est-ce qu'il y a quelqu'un qui écoute, quand on prie ? Je me le demande parfois... »

(une malade)

« Il y a des jours où je n'ai pas envie de prier. Alors je prends un moment de silence, les yeux fermés, et j'attends. »

(un jeune)

« J'ai eu la chance, au cours d'un pèlerinage, de prendre part à une prière commune. Il y avait beaucoup de gens. Parfois on lisait un texte, parfois on chantait, parfois on ne disait rien. C'était très fort. »

(un jeune)

« Il n'y a pas de "truc" automatique pour prier. Mais je découvre que certaines conditions (calme, humilité du cœur) aident. »

(un catéchumène)

Et toi, quel est ton témoignage ?

TÉMOIGNAGES BIBLIQUES

Une prière de *Moïse* (après l'Exode, cf. fiche 7) :

« Fais-moi connaître tes chemins pour que je te comprenne et que je sois en ton amitié. Considère aussi que cette nation (= les descendants d'Abraham) est ton peuple (...). A quel signe verra-t-on que je suis en ton amitié, moi et ton peuple ? N'est-ce pas parce que tu feras route avec nous ? » — Dieu dit à Moïse : « Je vais faire ce que tu viens de dire en ta prière, parce que tu es en mon amitié et que je te connais par ton nom. »

(Livre de l'Exode. ch. **33**, *v. 15-17)*

Une prière de *Jérémie*, un prophète (VIe s. avant Jésus-Christ) :

« Tu le sais, Seigneur,
la voie des humains n'est pas en leur pouvoir
et il n'est pas donné à l'homme qui marche
de diriger ses pas. » *(Jérémie, ch.* **10**, *v. 23)*

Une prière utilisée *au Temple de Jérusalem* (un « psaume ») :

« Le Seigneur est mon berger.
Je ne manque de rien.
Sur des prés d'herbe fraîche, il me fait reposer,
vers les eaux du repos, il me mène,
il y refait mon âme.
Il me guide par le juste chemin
pour l'amour de son nom. » *(Psaume* **23**, *v. 1-2)*

Peux-tu prier avec ces mots ?
Peux-tu écrire toi-même une prière ?

POUR ALLER PLUS LOIN...

Dans ton cahier, tu laisses en blanc trois pages (en mettant en haut, comme titre : « Dieu, mon Dieu, je te cherche ») ; tu écriras sur ces pages des textes de prière que tu trouveras peu à peu. Illustre-les, si tu veux.

Il faudrait, ces jours, que tu fasses des expériences de prière pour voir ce qui se passera.

POUR GARDER EN TA MÉMOIRE

« Dieu, mon Dieu, je te cherche.
Mon âme a soif de toi. »

(Psaume **63**, *v. 2)*

9 JÉSUS, TÉMOIN DE DIEU

TU AS LA PAROLE

- ***Tu as dû entendre parler de Jésus. Par qui ?***
- ***Quel mot choisirais-tu pour dire qui il est : un original ? un illuminé ? un leader ? un guérisseur ? un gourou ? un non-violent ? un marginal ? un révolutionnaire ? etc.***

Ce que croient les chrétiens

Celui qui connaît Dieu le mieux, c'est JÉSUS (ce nom veut dire : « Dieu sauve les hommes »).

Ce qu'il a vécu et ce qu'il a dit, cela demeure actuel et cela peut renouveler notre vie. Jésus a vécu, il y a deux mille ans, mais il demeure présent.

Quelque chose de son souffle et de sa présence nous traverse encore. Les chrétiens s'inspirent de lui.

Jésus, comme tout être et plus que tout être, demande à être connu. Cela demande du temps, si l'on veut comprendre sa personnalité et si l'on veut découvrir comment il témoigne de Dieu.

Comment comprends-tu cela ?

Témoignages

« Je trouve que Jésus est admirable et j'ai voulu le connaître. »

(une Cambodgienne)

« Pour moi, Jésus c'est la tolérance et le respect des autres. C'est à cela que je crois. »

(une jeune femme)

« Depuis que je connais Jésus, je comprends mieux comment on peut vivre avec Dieu. »

(Michel, ouvrier)

« Dieu, c'est un peu obscur. Heureusement, grâce à Jésus, on entre mieux en contact avec lui. »

(un catéchumène)

« Jésus : quelqu'un qui porte en lui beaucoup d'amour pour les gens. »

(une jeune femme)

Te reconnais-tu dans l'une ou l'autre de ces paroles ?

Difficultés aujourd'hui

« Est-on bien sûr que Jésus ait vraiment fait et dit tout ce qu'on raconte de lui ?

« Je ne vois pas pourquoi, parce que Jésus a fait de belles choses, on dit qu'il vient de Dieu. »

« Pour moi, Jésus ''plane''. Il a de bonnes idées. Mais c'est peu réaliste. Ce n'est pas ça qui peut changer la vie. »

Ces difficultés sont-elles les tiennes ?
En as-tu d'autres ?

POUR GARDER EN TA MÉMOIRE

« Les temps sont accomplis. Le royaume de Dieu est proche. Convertissez-vous et croyez à la bonne nouvelle ! »

(Év. de Marc, **1**, *15)*

POUR ALLER PLUS LOIN...

Il y a beaucoup d'autres aspects de Jésus, bien sûr. Si tu veux avancer, il faut probablement que tu te donnes des moyens : venir à une assemblée, être fidèle aux rendez-vous, ne pas « laisser tomber » ton cahier ou ton carnet.

Si tu reparcours les fiches que tu as déjà travaillées, tu ne les lis peut-être pas de la même manière... Qu'est-ce qui s'éclaircit pour toi ? Note ta réponse sur ton cahier.

As-tu fait des expériences de prière ? Tu veux bien continuer ? Tu en reparles à la personne qui t'accompagne.

TEXTES ÉVANGÉLIQUES

1. Sur les routes de Palestine...

« Comme Jésus sortait de Jéricho avec ses disciples et une assez grande foule, l'aveugle Bartimée, fils de Timée, était assis au bord du chemin, en train de mendier.

Apprenant que c'était Jésus de Nazareth, il se mit à crier : ''Fils de David, Jésus, aie pitié de moi !'' Beaucoup le rabrouaient pour qu'il se taise, mais lui criait de plus belle : ''Fils de David, aie pitié de moi !''

Jésus s'arrêta et dit : ''Appelez-le.'' On appelle l'aveugle, on lui dit : ''Confiance, lève-toi, il t'appelle.''

Rejetant son manteau, il se leva d'un bond et vint vers Jésus. S'adressant à lui, Jésus dit : ''Que veux-tu que je fasse pour toi ?'' L'aveugle lui répondit : ''Rabbouni (= Seigneur), que je retrouve la vue !'' Jésus lui dit : ''Va, ta foi t'a sauvé.''
Aussitôt il retrouva la vue et il suivait Jésus sur le chemin. »

(Évangile de Marc, ch. **10**, *46-52)*

Qu'as-tu à demander à Jésus ?
Disciples : quel sens tu donnes à ce mot ?

2. Jérusalem, avant l'arrestation de Jésus

« Philippe dit à Jésus : ''Seigneur, montre-nous Dieu et cela nous suffit.''

Jésus reprit : ''Voilà si longtemps que je suis avec vous. Et tu ne me connais pas, Philippe ? Qui m'a vu a vu Dieu. Comment peux-tu dire : Montre-nous Dieu ?'' »

(Évangile de Jean, ch. **14**, *8)*

Cette conversation t'éclaire-t-elle ?

10 LA VIE DE JÉSUS

TU AS LA PAROLE

• Tu connais peut-être certains événements de la vie de Jésus. Essaie d'en faire une petite liste par écrit pendant un petit moment.

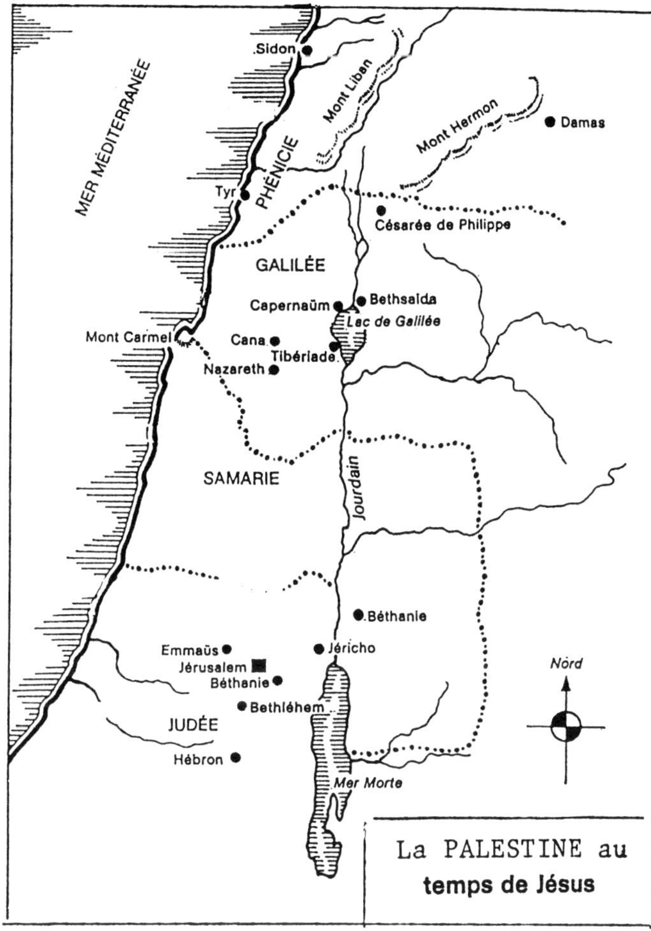

La PALESTINE au **temps de Jésus**

Ce que l'on sait de Jésus

On en sait *beaucoup plus* que pour bien des gens qui ont vécu il y a longtemps.

Jésus a vécu dans le pays appelé *Palestine*, aujourd'hui l'État d'Israël et les territoires occupés par Israël.

Il est né au début de notre ère dans une petite commune appelée Bethléem.

Il a habité en plusieurs lieux, en particulier à Nazareth et à Capharnaüm, dans le nord de la Palestine (= la *Galilée*).

Il a eu une vie mise *au service* des gens.

Il est mort le 7 avril de l'année 30 à Jérusalem.

On continue à parler de lui. On l'appelle « Christ » (= celui que Dieu a marqué d'huile pour l'envoyer comme son témoin).

Les chrétiens portent son nom (le mot « chrétien » vient du nom de « Christ »).

On fête la naissance de Jésus pour Noël : tu sais quelque chose de cette naissance ?
Est-ce que tu as entendu parler de la mort de Jésus ?
Est-ce que tu as vu un film à ce sujet ?
Comment s'est passée cette mort ?

Difficultés aujourd'hui

Certaines personnes aujourd'hui se demandent si Jésus a vraiment existé et qu'est-ce qui permet de le dire.

On ne sait pas ce qui s'est passé dans la vie de Jésus entre 12 et 30 ans : qu'a-t-il bien pu faire pendant ce temps-là ?

On dirait que Jésus n'a pas été

bien compris par ses contemporains. Comment cela se fait-il ?

‖ *Comment réagis-tu ?*

Les étapes de la vie de Jésus

Enfance à Nazareth. Il apprend le métier de charpentier. Reste célibataire.

Il prend part à un courant de renouveau religieux et il est baptisé.

Il lance alors un message de foi : « Le Royaume de Dieu est proche » — et circule dans le pays pour l'annoncer. Il a des disciples mais aussi des opposants. A cause des conflits, il circule quelque temps en bordure du pays.

Finalement il va à Jérusalem, la capitale, pour y annoncer aussi son message. Il y est arrêté et exécuté. Beaucoup pensent alors que tout est fini... peut-être un peu vite !

> *Quelle impression te fait cette vie ?*
> *Tout était-il fini ?*
> *A ton avis, pourquoi les chrétiens tiennent-ils à se souvenir de tout cela ?*

POUR GARDER EN TA MÉMOIRE

Parole de Jésus : « Ma nourriture, c'est de faire la volonté de celui qui m'a envoyé et d'accomplir son œuvre. »

(Év. de Jean, ch. **4**, *v. 34)*

TÉMOIGNAGES (CONTRASTÉS) SUR JÉSUS

« Les foules étaient vivement frappées de son enseignement. Il enseignait comme quelqu'un qui a autorité et non comme un spécialiste de la religion. »

Matthieu, **7**, *29*

« Jean-Baptiste vient, qui ne mange pas de pain et ne boit pas de vin. Vous dites : il est possédé. Vient le Fils de l'homme qui mange et boit et vous dites : c'est un ami des gens peu recommandables. »

Matthieu, **11**, *18-19*

« Ils disaient : il a bien fait toutes choses. Il fait entendre les sourds et parler les muets. »

Matthieu, **7**, *37*

« Ils disaient : il a perdu le bon sens. »

Marc, **3**, *21*

« Simon Pierre lui dit : à qui irions-nous ? Tu as les paroles de la vie éternelle. »

Jean, **6**, *68*

> *En lisant ces témoignages,* quelle idée te fais-tu de Jésus *?*
> *Jésus se dit «* Fils de l'homme *». Il aimait ce titre. Que comprends-tu ?*

POUR ALLER PLUS LOIN

> *Tu peux lire le récit d'une soirée de Jésus : Jean* 3, *1-21.*
> *Et aussi le récit d'un séjour de Jésus à Jérusalem : Jean* 7, *1-53.*

Sur les fiches il y a des paroles « à garder en mémoire ». Voudrais-tu les relire et, si cela te dit, illustrer sur ton cahier ou carnet l'une de ces paroles ?

11 JÉSUS NOUS FAIT DÉCOUVRIR COMMENT DIEU NOUS CONNAÎT*

* *(Cette fiche peut être faite avec quelques amis)*

• Si vous êtes plusieurs pour « faire » cette fiche, chacune, chacun pourrait dire si Jésus l'aide à aller vers Dieu.
• Si tu es avec ton accompagnateur ou ton accompagnatrice, c'est lui ou c'est elle qui te dit comment Jésus l'aide à se tourner vers Dieu.

Et toi, crois-tu cela ? Comment dirais-tu encore ce que tu crois ?

Témoignages de croyants

Un chrétien peut faire cette *prière* à Dieu : « Mon Dieu, tu me connais, tu me regardes, tu es là ; et c'est comme un grand soleil qui me fait du bien ; un grand calme descend en moi. »

(prière d'un catéchumène)

« Depuis que je connais un peu Jésus, je sens que Dieu est là, j'ai moins peur et j'ai plus *confiance*. »

(un homme jeune)

« Je me sens plus *vraie* parce que Dieu me connaît. »

(Annie, 25 ans)

« Parfois on a l'impression que Dieu est très loin. Parfois on dirait au contraire qu'il est complètement en nous, comme une force en nous. Jésus nous dit que nous sommes très près de Dieu parce

Ce que croient les chrétiens

Dieu me connaît personnellement, c'est-à-dire par l'intérieur, du dedans.

En même temps, Dieu connaît les autres également par l'intérieur. Cela aide à se comprendre entre humains.

Dieu ne s'arrête pas aux apparences, au dehors. Lui seul nous comprend tout à fait. On s'en rend compte en fréquentant Jésus.

Jésus, dans sa vie, se sent très proche de Dieu : il l'appelle « Père ».

Dieu nous connaît parce qu'il nous aime. Et cela nous grandit.

que Dieu veut être très proche de nous. »

(un chrétien qui a recommencé à croire)

> *Ces témoignages t'éclairent ?*

Difficultés aujourd'hui

« Moi, je n'ai pas du tout le sentiment que Dieu me connaît. »

(un homme, 40 ans)

« Si Dieu voit tout et me connaît à fond, alors je ne suis plus libre. C'est un peu comme s'il m'espionnait tout le temps... »

(une jeune)

« Si Dieu me connaît vraiment, comment se fait-il que nous ayons tant de difficulté à le connaître, lui ? »

(un pré-retraité)

« Comment se fait-il que Dieu me connaisse alors que moi-même, je ne me connais pas bien ? »

(une jeune)

> *Reconnais-tu ces difficultés ? Tu le sais, les difficultés ne sont pas des montagnes infranchissables. A condition de* ne pas fermer les yeux pour éviter *de les voir.*

POUR GARDER EN TA MÉMOIRE

« Si vous demeurez dans ma parole, vous serez vraiment mes disciples, vous connaîtrez alors la vérité et la vérité vous fera libres. »

(Év. de Jean, ch. **8***, v. 31-32)*

TEXTES ÉVANGÉLIQUES

• Elle ne faisait pas de bruit mais Jésus l'a comprise... :

« Jésus s'assit à côté du tronc à offrandes du temple. Il regardait la foule mettre de la monnaie dans le tronc. Beaucoup de riches mettaient des sommes importantes. Une pauvre veuve arriva et elle mit deux petites pièces, d'une valeur de quelques centimes. Alors Jésus appela ses disciples et leur dit : « Je vous l'assure, cette femme a mis dans le tronc plus que tous les autres. Car tous les autres ont mis de l'argent dont ils n'avaient pas vraiment besoin ; mais elle, dans sa pauvreté, elle a mis tout ce qu'elle possédait, tout ce qu'elle avait pour vivre. »

(Évangile de Luc, ch. **12***, v. 41-44)*

Dieu nous connaît comme Jésus connaît cette femme.

• Comme un père...

« Jésus disait :
''Je suis le bon berger.
Je connais mes brebis et mes brebis me connaissent comme le Père (Dieu) me connaît et que je connais le Père.'' »

(Év. de Jean, ch. **10***, v. 14-15)*

Dieu nous connaît comme un Père qui aime.

POUR ALLER PLUS LOIN...

A la fin de la rencontre, chacun et chacune dit ce qu'il a reçu des autres. Le mot « évangile *» veut dire : bonne nouvelle. C'est une bonne nouvelle pour toi de pouvoir connaître Dieu en écoutant Jésus ? Tu y réfléchis et tu écris dans ton carnet ou ton cahier ce que tu en penses. Tu rencontres un chrétien ou une chrétienne* autre *que ton accompagnateur ou ton accompagnatrice pour lui demander ce que cela lui fait que Dieu le connaisse et l'aime ? Et tu notes dans ton carnet ou ton cahier quelques phrases de « l'interview » ! Reverras-tu les personnes avec qui tu as « fait » cette fiche ?*

12 JÉSUS N'EST PAS D'ACCORD AVEC TOUT

TU AS LA PAROLE

- ***D'après ce que tu peux savoir de Jésus, crois-tu qu'il était d'accord avec tout ce qui se passait à son époque ? Sur quoi, à ton avis, n'était-il pas d'accord ?***
- ***Et toi, pourrais-tu dire deux choses de la vie actuelle avec lesquelles tu n'es pas d'accord ?***

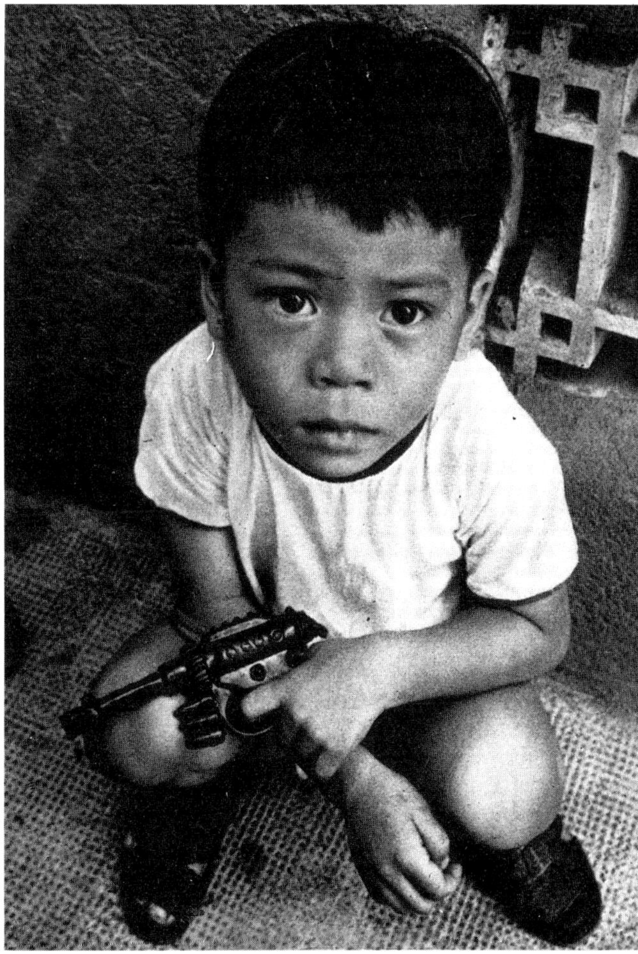

Témoignages de croyants

Une jeune maman : « *Avant, on vivait pour l'argent. Maintenant qu'on est croyants, on ne se croit plus obligés d'avoir tout ce que propose la publicité.* »

Un père de famille : « *Quel monde va trouver la jeune génération ? Il y a la guerre, le chômage, le racisme, la peur. Il faudrait vraiment que Dieu nous aide.* »

Un catéchumène qui approche de son baptême : « *Avant de connaître Jésus, je croyais qu'il était un peu rêveur. Je vois qu'il n'est pas naïf et met le doigt sur ce qui ne va pas.* »

Aurais-tu entendu d'autres témoignages ? Si oui, écris-les sur ton carnet.

Ce que croient les chrétiens

Jésus est *positif* : il aime les gens et les choses. Il ne critique pas tout. Mais il ne dit pas « amen » à tout.

Ce qui le révolte, ce qui le fait souffrir, c'est le *manque d'amour*, ce qui tue ou abîme les gens, le mépris, la mise à l'écart, l'injustice, le manque d'avenir, le mensonge, le manque de respect, etc.

Est-ce que tu te fais cette idée de Jésus ? Est-ce que cela t'étonne ?

Difficultés aujourd'hui

On dit parfois que les chrétiens ne sont jamais contents, qu'ils voient le mal partout.

Qu'en penses-tu ? Ne voient-ils que cela ?

C'est déjà difficile de dire réellement ce qui ne va pas. C'est encore plus difficile de changer les choses.

A ton avis, Jésus a-t-il essayé ?

Il y a des choses qu'on ne veut pas voir (inconsciemment...). Résultat : on ne les voit pas.

Heureux sommes-nous si d'autres nous aident un peu à voir clair.

POUR GARDER EN TA MÉMOIRE

« Ce n'est pas en me disant : Seigneur, Seigneur, qu'on entrera dans le Royaume de Dieu, mais c'est en faisant la volonté de mon père qui est dans les cieux. »

(Évangile de Matthieu, ch. **7***, v. 21)*

TEXTES ÉVANGÉLIQUES

Jésus disait :

« Malheureux êtes-vous, vous qui lavez l'extérieur de la coupe et du bol alors que l'intérieur est rempli de malhonnêteté et de violence. »

(Évangile de Matthieu, ch. **23***, v. 25-26)*

« Comme il est difficile à ceux qui ont beaucoup de richesses de pénétrer dans le Royaume de Dieu ! Il est plus facile à un chameau de passer par un trou d'aiguille ! »

(Évangile de Luc, ch. **18***, v. 24-25)*

« Qu'as-tu à regarder la paille qui est dans l'œil de ton frère ? Et la poutre qui est dans ton œil à toi, tu ne la remarques pas ? »

(Évangile de Matthieu, ch. **7***, v. 3)*

Jésus n'est contre personne : mais il appelle tout le monde à être réaliste.

POUR ALLER PLUS LOIN...

Tu pourrais prier pour demander à Dieu, au nom de Jésus, de te faire voir une chose qui ne va pas et que tu pourrais améliorer ?

On peut voir ce qui ne va pas en ayant un regard méchant (et alors on ne voit pas bien) ... ou avec le cœur (et alors on voit mieux !). Tu as l'expérience de ces deux façons de regarder ?

Il ne suffit pas de voir... Il faut aussi comprendre pourquoi ça ne va pas (si on peut), et voir ce qu'on peut faire !

Pourrais-tu trouver dans le journal d'aujourd'hui trois ou quatre faits (si possible dans la vie locale) qui montrent que ce qui ne va pas peut changer... Tu pourrais les coller dans ton cahier ou ton carnet.

Crois-tu qu'il est possible de ne pas céder (au travail, en famille, avec des amis) à la pression sociale quand on n'est pas d'accord et que c'est important ? Tu as des exemples ?

13 POUR JÉSUS, IL Y A TOUJOURS DE L'ESPOIR

TU AS LA PAROLE

• L'espoir, cela veut dire quelque chose pour toi aujourd'hui? Cela veut dire quelque chose pour d'autres autour de toi?

• Et toi, qu'est-ce qui te fait vivre?

Ce que croient les chrétiens

Pour les chrétiens, rien n'est jamais «fichu», aucune vie n'est sans avenir, aucun être n'est jamais «fini».

Ce n'est pas une illusion, on ne se «monte» pas la tête, on ne se force pas à espérer. Dieu ne nous abandonne pas et il nous ouvre peu à peu la voie pour avancer.

> *Dans ce que tu as déjà découvert de l'Évangile,* trouves-tu des raisons d'espérer?

Témoignages de croyants

«Pour moi, croire c'est espérer.»

(une dame âgée)

«Il y a un espoir facile : c'est de se dire qu'après la pluie, il y a le beau temps. Mais il y a aussi un espoir fort et dynamique : c'est de se dire que l'on peut compter sur Dieu. »

(un jeune couple en difficulté)

« L'espérance, c'est de voir la vie en vert avec un peu de doré... »

(un enfant)

> *On aurait pu aussi marquer des témoignages de manque d'espoir... Tu dois en connaître, non ?*

Difficultés aujourd'hui

Nous ne sommes pas à une époque de grande espérance. Bien des gens sont blasés ou déçus.

Dieu nous oriente vers l'avenir. Mais beaucoup de gens le cherchent dans le passé, dans leur enfance, dans le « bon vieux temps »... ou pour après la mort.

Jésus sait trouver des raisons d'espérer. Peut-être que nous ne savons pas toujours le faire, nous...

> *Quelles* difficultés *tu sens particulièrement dans ta vie ?*
> *Y a-t-il des gens (près de toi ou dans le monde) qui sont pour toi des* signes d'espérance *?*

POUR GARDER EN TA MÉMOIRE

Tu lis, tu relèves dans ton carnet l'une des quatre phrases qui se trouvent ci-dessus et tu t'en pénètres.

TEXTES ÉVANGÉLIQUES

Jésus disait :

« Venez à moi, vous qui peinez et qui êtes écrasés sous le fardeau, et je vous soulagerai. »

(Matthieu, ch. **11**, *v. 28)*

« Qui met la main à la charrue et regarde en arrière n'est pas fait pour le Royaume de Dieu. »

(Luc, ch. **9**, *v. 62)*

« Sois dans la confiance, tes péchés sont pardonnés. »

(Matthieu, ch. **9**, *v. 5)*

« Laissez venir à moi les petits enfants, ne les empêchez pas, car c'est à ceux qui leur ressemblent qu'appartient le Royaume de Dieu. »

(Marc, ch. **10**, *v. 14)*

> *Connais-tu une scène* d'évangile qui te parle à toi d'avenir et d'espérance *?*

POUR ALLER PLUS LOIN...

Avoir le goût d'avancer, c'est précieux comme l'air et la lumière !

Heureux qui rend à d'autres l'espérance ! Jésus fut de ceux-là : un pionnier audacieux.

A quel avenir Dieu t'invite-t-il ?

> *Fais, si tu le veux, une* prière à Dieu *pour lui parler de ton avenir et de l'avenir des gens autour de toi. Veux-tu ?*
> *Dans un journal, tu découpes un petit entrefilet qui te parle d'espoir et tu le colles dans ton cahier ou ton carnet.*

14 JÉSUS NOUS DIT : NOUS POUVONS ÊTRE FRÈRES ET SŒURS ENTRE NOUS

TU AS LA PAROLE

- ***Des frères ou des sœurs, tu en as ?***
- ***Y a-t-il des gens qui sont pour toi comme des frères ou des sœurs ?***
- ***« Liberté, égalité, fraternité » : la fraternité, pour toi, qu'est-ce que ça recouvre ?***

Ce que croient les chrétiens

Si on y croit, on peut devenir frères ou sœurs des autres, solidaires de ce qu'ils portent, de ce qu'ils vivent, de ce qu'ils espèrent.

Toute sa vie, Jésus s'est senti proche des gens. Il s'est fait fraternel. On pouvait le rencontrer. Il appelait chacun à être lui-même. Il faisait confiance. Nous sommes frères et sœurs parce que Dieu est notre père à tous.

Qu'est-ce qui t'aide à te sentir solidaire et fraternel ?
Crois-tu que Dieu ait quelque chose à voir en tout cela ?
Ceux ou celles qui ne croient pas en Dieu peuvent-ils aussi être frères ou sœurs des autres ?

Témoignages de croyants

« Depuis que j'ai rejoint une équipe de chrétiens, j'ai des frères et cela me permet d'être solidaire de tous. »

(un garçon de la JOC)

… et *s'il n'y a pas d'équipe ?*

« Pour moi, que les gens soient blancs ou noirs, français ou américains, s'ils sont chrétiens, ça n'a pas d'importance. » *(un Africain)*

… et *les non-chrétiens ?*

« Quand on rentre dans une église dans un autre pays, on se sent un peu chez soi. »

(une chrétienne qui voyage beaucoup)

Et si l'église est à côté ?

Difficultés aujourd'hui

Dans la vie, en général, c'est chacun pour soi. Il faut défendre sa peau. C'est à celui qui aura la meilleure place au travail ou la meilleure note en classe. L'ennui, c'est que cela tourne vite à la loi du plus fort. Et alors, plus de fraternité !

Tous, des frères, des sœurs ? C'est vite dit ! Il n'y a qu'à voir les différences entre les gens et entre les pays : les différences de salaire, de couleur de peau, de religion, d'âge, de sexe, de langue, de nation, de milieu, de continent, etc.

Chercher la fraternité, c'est prendre un risque. Car les autres peuvent ne pas réagir comme on attendrait.

POUR ALLER PLUS LOIN...

Quand on a des frères et des sœurs, quand on arrive à un certain climat de fraternité, ça donne de la joie. On est content de se retrouver ! Heureux qui trouve des frères et des sœurs !
On peut lutter contre ce qui empêche d'être frères ou sœurs ? Qu'en penses-tu ?

Être frère ou sœur des autres, c'est étonnant, cela se découvre, cela se développe, cela se reçoit de Dieu. Cela veut dire : aimer !

Tu pourrais, sur ton carnet ou ton cahier, écrire les prénoms des personnes avec qui tu te sens frère ou sœur... et, une fois ou l'autre, relire ces prénoms en parlant d'eux à Dieu, dans ta prère.

Il y a des gens avec qui on n'est pas facilement comme un frère ou une sœur. A ton avis, cela vient de quoi ? Tu pourrais écrire cela sur ton cahier ou ton carnet et tu colles une image qui te fait penser à une rencontre.

TEXTES BIBLIQUES

• *« Tu aimeras ton prochain comme toi-même. »*

(Évangile de Luc, ch. **10**, *v. 27 - On trouve déjà cette formule dans la Bible, avant Jésus)*

• Lis la parole du bon samaritain. Tu la trouves dans l'évangile de Luc, ch. *10*, v. 29-37. Voudrais-tu la lire ? (Au besoin tu demandes à ton accompagnateur ou ton accompagnatrice un texte. Mais tu as probablement déjà à ta disposition quelques « morceaux choisis » d'évangile.)

« Il s'est fait le prochain de l'homme blessé. »

(verset 36)

• Un des premiers chrétiens : *« Celui qui n'aime pas son frère qu'il voit ne saurait aimer Dieu qu'il ne voit pas. »*

(Première lettre de Jean, ch. **4**, *v. 20)*

• Un autre chrétien des débuts de l'Église, Paul, dit que Jésus est *« l'aîné d'une multitude de frères ».*

(Épître aux Romains, ch. **8**, *verset 29)*

Comment comprends-tu que nous sommes frères et sœurs à cause de Dieu ?

POUR GARDER EN TA MÉMOIRE

« Quiconque fait la volonté de mon Père qui est aux cieux, celui-là m'est un frère et une sœur et une mère. »

(parole de Jésus, en évangile de Matthieu, ch. **12**, *v. 50)*

15 LIRE LA BIBLE

TU AS LA PAROLE

• *La Bible est le livre* le plus diffusé *dans le monde. Le savais-tu ?*

• *Ce gros livre est* composé de deux *parties différentes : l'Ancien et le Nouveau* Testament. *Sais-tu pourquoi on appelle ces textes des testaments ?*

• *Sais-tu où et comment ce livre a été écrit ?*

Ce que croient les chrétiens

Dieu se fait connaître aux hommes. Ceux qui ont écrit la Bible disaient que *Dieu parle*. Cela ne signifie pas qu'il dit des mots en ouvrant la bouche. Cela veut dire que des hommes ont parlé et écrit en écoutant ce que Dieu leur disait. Ils étaient « *inspirés* ».

Jésus était juif. Il lisait le premier Testament de la Bible. Si on veut découvrir qui est Jésus, il faut connaître *ce qui lui parlait*, c'est-à-dire la parole de Dieu transmise par l'histoire de son peuple.

Les écrits des premiers chrétiens nous gardent ce que Jésus a dit et fait. Ce témoignage est aussi pour nous *parole de Dieu*. C'est le Nouveau Testament.

La Bible forme *un tout* et le second Testament n'abolit pas le premier. Au contraire, l'Ancien Testament permet de mieux comprendre comment le peuple juif a découvert peu à peu le Dieu d'amour et de tendresse dont parle Jésus.

La Bible ne donne pas seulement des renseignements. Elle nourrit.

La Bible est lue à la messe et elle crée la *communauté*.

‖ *Avais-tu perçu cela ?*

Témoignages de croyants

«Je sens que, par ces textes, Dieu veut se faire connaître à l'humanité d'aujourd'hui et nous parler.»

(beaucoup de chrétiens le disent)

« Pour moi, c'est avant tout la vie et la mort de Jésus, ses paroles et ses actions, qui sont parole de Dieu. Mais quand quelqu'un dit quelque chose de très important ou quand quelque chose arrive qui fait réfléchir, je peux dire aussi : Dieu continue à parler dans la ligne de la Bible. »

(une chrétienne faisant le catéchisme)

« Jésus-Christ ne nous a pas donné des conserves de paroles à garder, mais il nous a donné des paroles vivantes à nourrir. »

(Charles Péguy)

« Si la Bible ne vous paraît pas adaptée, adaptez-vous à elle. Si tu lis la Bible avec d'autres, tu la lis avec plusieurs cœurs. »

(Pascal Thomas)

Difficultés aujourd'hui

Quand on dit que Dieu parle, est-ce *vraiment lui* qui parle ?

« Parfois je vais à l'église et j'entends lire l'Évangile. Ou bien il m'arrive de tomber moi-même sur un texte de la Bible. Mais il y a *des choses que je ne comprends pas* et j'aimerais pouvoir le dire. »

(un jeune chrétien)

« La Bible, pour bien la *comprendre*, il faut être savant pour la lire. N'est-ce pas réservé aux intellectuels ? »

(une jeune femme)

« On dirait parfois que les chrétiens *coupent les cheveux en quatre* en interprétant certains textes. »

(un jeune découvrant l'Évangile)

Reconnais-tu, parmi ces difficultés, la tienne ?

POUR GARDER EN MÉMOIRE

« Les paroles que j'ai dites sont esprit et vie. »

(Évangile de Jean, ch. **6**, *v. 63)*

TEXTES ÉVANGÉLIQUES

• *Jésus fait une prédication*

« Il vint à Nazareth, entra un jour de sabbat dans la synagogue et se leva pour faire la lecture. On lui donna le livre du prophète Isaïe. Il lut ce qui était écrit : ''L'Esprit du Seigneur est sur moi, il m'a consacré pour annoncer la bonne nouvelle aux pauvres. Il m'a envoyé proclamer aux captifs la libération et aux aveugles la vue, donner aux opprimés la liberté et proclamer une année d'accueil par le Seigneur.''
Il rendit le livre et s'assit. Tous avaient les yeux fixés sur lui. Alors il se mit à leur dire : ''Aujourd'hui ce qui a été écrit se réalise pour vous qui l'entendez.'' »

(Évangile de Luc, ch. **4**, *v. 16-21)*

• *Un second texte*

Celui de la *parabole de la semence*

(Évangile de Matthieu, **13**, *3-23)*

(Tu vas devoir le chercher dans le livre des évangiles ou dans les « morceaux choisis » que tu as. C'est un texte très important pour comprendre ce qu'est et ce que fait la Parole de Dieu.)

POUR ALLER PLUS LOIN...

Tu colores en couleurs différentes, dans le texte de la parabole de la semence, les quatre morceaux du texte qui disent ce qui arrive dans les quatre cas.

Quand tu lis, écoute ce que te dit le texte. Comment te parle-t-il ? Y a-t-il, dans les textes que tu as déjà lus sur les fiches, un texte très fort pour toi et un texte qui t'a peu accroché ? Tu les relèves, l'un et l'autre, sur ton carnet ou ton cahier. Tu connais sans doute des chrétiens qu'on appelle « évangéliques » ou des Témoins de Jéhovah. Ils ne lisent pas forcément la Bible comme les catholiques. Vois-tu quelles différences il y a ? Parles-en avec ton accompagnateur ou accompagnatrice. Pourquoi as-tu, toi, préféré cheminer avec des catholiques ?

16 JÉSUS APPELLE A LE SUIVRE*

** (Cette fiche peut être « faite » avec des amis)*

TU AS LA PAROLE

- ***Te sens-tu parfois « appelé » à réaliser telle chose, à te lancer dans telle action ?***
- ***Est-ce que tu as eu l'occasion d'entendre quelques paroles et de faire quelques rencontres qui t'ont fait avancer à un moment de ta vie ?***

Ce que croient les chrétiens

Comme Dieu a appelé Abraham, Jésus *continue* aujourd'hui sans cesse d'appeler de nouveaux membres pour son peuple. Par lui, Dieu continue d'appeler.

Ceux et celles qui entendaient Jésus, au temps de sa vie en Palestine, étaient émerveillés par les perspectives nouvelles qu'il ouvrait. Quelques-uns étaient même bouleversés et devenaient ses *disciples*. Ils aimaient passer du temps avec lui et l'écouter.

Parfois même ils changeaient complètement leur vie. Ils se mettaient à vivre comme lui et à témoigner comme lui.

> *En somme,* Jésus appelle comme Dieu appelle. Comment comprends-tu cela ? Il a dû y avoir des hauts et des bas. *Normal ? Dommage ?*
> Être disciple, *est-ce perdre sa personnalité ?*

Témoignages de croyants

« J'ai la joie de me sentir appelée. Dieu m'attire vers lui. Mon mari, mes enfants, tout cela me pousse et me montre que Dieu m'appelle. »

(Yvette, 32 ans, mère de 2 enfants, se préparant au baptême)

« Quand on sent que Jésus appelle à le suivre, cela bouleverse tout dans la vie. »

(Dominique, une jeune femme)

« L'appel que Dieu adresse, c'est toujours une question d'amour, bien sûr, mais aussi de liberté... « Dieu appelle tout le monde mais il appelle d'abord ceux qui sont pauvres d'une manière ou d'une autre. »

(Gustave, un prêtre d'Amérique latine)

> *Te reconnais-tu dans ces paroles ?*

Difficultés aujourd'hui

On dit que Jésus *appelle*. Mais ce n'est pas en direct, c'est toujours par des rites intermédiaires, des gens rencontrés, des paroles entendues ou des événements qui arrivent !

C'est aussi par le désir que l'on peut avoir en soi.
On dirait donc qu'il faut déchiffrer l'appel de Dieu.
Pour cela ne faut-il pas une « grille » ou un guide... et du temps ?

Si c'est vrai que Jésus appelle *tout le monde*, il n'appelle pas tout le monde à la même chose... Pourquoi ? Fait-il une différence entre les gens ?

Il y a des hommes et des femmes dans le monde qui sont appelés à *réaliser* de grandes choses pour les autres aujourd'hui sans qu'apparemment ils soient appelés à croire en Dieu et à suivre Jésus. N'est-ce pas étonnant ?

> *Ces difficultés sont-elles les tiennes ?*

TEXTES ÉVANGÉLIQUES

• Jésus passait un jour au bord de la mer de Galilée. Il voit Simon et son frère André qui jetaient leur filet dans le lac. Il leur dit : *« Venez à ma suite, je ferai de vous des pêcheurs d'hommes. »* Et aussitôt ils laissèrent leur filet et ils le suivirent.

(Marc, **1**, *16-20)*

• Un jour Jean-Baptiste était avec deux de ses disciples. Jésus passe. Jean le regarde et dit : « Voici le serviteur de Dieu. » Les deux disciples qui avaient entendu ces paroles se mettent à suivre Jésus. Jésus se retourne et dit : *« Venez avec moi et vous verrez. »* Il était environ le milieu de l'après-midi et ils restèrent avec Jésus jusqu'au soir. L'un des deux s'appelait André. Le lendemain, il rencontre son frère Simon et va le présenter à Jésus. Jésus regarde Simon et lui dit : *« Tu t'appelles Simon ; un jour tu t'appelleras Pierre ! »*

(Jean, **1**, *36-43)*

• Une proclamation-choc pour ceux qui écoutent l'Évangile, les béatitudes :

Heureux les gens au cœur pauvre, le Royaume des cieux est pour eux !
Heureux les doux, ils auront la terre en partage !
Heureux ceux qui pleurent car ils seront consolés !
Heureux ceux qui ont faim et soif de justice, car ils seront rassasiés !
Heureux les miséricordieux, car il leur sera fait miséricorde.
Heureux les cœurs purs, car ils verront Dieu.
Heureux ceux qui agissent pour la paix, ils seront appelés fils de Dieu !
Heureux ceux qui sont persécutés pour la justice : le Royaume des cieux est à eux.

(Mt. **5**, *1-11)*

Ces paroles te font-elles comprendre quelque chose de Jésus et quelque chose de la vie ?

POUR GARDER EN TA MÉMOIRE

« Je ne suis pas venu appeler les justes mais les pécheurs. »

(Mt. **9**, *13)*

POUR ALLER PLUS LOIN...

Qu'est-ce que c'est pour toi, la voie de Jésus, le chemin qu'il te propose ? Comment en parlerais-tu ?

Tu te sens « appelé(e) » à mieux connaître Jésus et à le suivre de plus près ?

Tu as dû rencontrer déjà d'autres personnes qui, comme toi, découvrent le christianisme. Est-ce que telle ou telle te transmet un « appel » de Jésus ?

Est-ce que, de mieux vivre avec Dieu qui nous appelle, cela rend plus heureux ?

Si tu es disciple de Jésus, es-tu d'accord pour appartenir au groupe de ses disciples qu'on appelle « l'Église » ?

17 OÙ EN ES-TU ?*

* *(Cette fiche est à « faire » en étant seul ou seule, mais tu pourras en reparler.)*

Tu arrives presque à la fin d'une première étape de ta recherche. C'est une bonne occasion pour faire le point.
Tu peux « remplir » cette fiche, en répondant directement sur cette feuille.

• Ce que tu as *découvert* depuis le début de ta démarche, comment tu le dirais ?

....

....

....

• Qu'est-ce que tu *aimerais découvrir* maintenant ?

....

....

• Si tu repenses maintenant à *Abraham* et à *Moïse*, qu'est-ce qui te frappe (avec un peu de recul) ? Tu peux retourner aux fiches 5 et 6 pour relire certaines phrases.

....

....

....

....

• Si tu as déjà eu une religion, *quel changement* éprouves-tu depuis que tu découvres la foi chrétienne ?

....

....

....

....

• Est-ce que tu te sens *arrêté(e)* ou gêné(e) par certaines choses dans ta vie de foi actuelle ?

....

....

....

....

....

....

....

• Tu voudrais relire la fiche 3 et la fiche 13 ?
Et tu regardes ce que tu as écrit sur ton carnet ou ton cahier au moment où tu as fait ces deux fiches. Est-ce que tu vois des choses que tu ne dirais *pas de la même façon* aujourd'hui ?

....

• Sur presque toutes les fiches, il y avait une phrase à garder «en mémoire». Voudrais-tu relever ici les deux phrases qui te semblent les plus *fortes*.

• Voici *quelques mots* que les chrétiens emploient. Comment les comprends-tu ?

Croire ....

Confiance ....

Psaume ....

Évangile ....

Catéchumène ....

Disciple ....

Prophète ....

Prière ....

Parole de Dieu ....

18 L'ENTRÉE EN ÉGLISE OU LA 1re PROFESSION DE FOI EN ÉGLISE

TU AS LA PAROLE

- ***Quand tu entends le mot « Église », à quoi tu penses ?***
- ***As-tu le sentiment de faire déjà partie de l'Église ?***

Ce que croient les chrétiens

L'Église, c'est le *peuple de Dieu*, l'ensemble des humains qui vont à la découverte de Dieu au nom de Jésus.

On n'est pas *membre de l'Église* du simple fait qu'on est humain ou qu'on est membre d'une famille chrétienne. Pour faire partie de l'Église, il faut y entrer, y prendre place, y dire sa foi.

L'Église est un peuple *international* : ses membres sont de tous les peuples, de toutes les nations.

Dans l'Église, chacune et chacun a une *valeur* unique : les membres de l'Église ne sont pas des numéros mais des disciples de Jésus qui ont, chacune et chacun, leur manière de rencontrer Jésus et d'actualiser sa présence.

Le fait que quelqu'un (jeune ou adulte) entre *librement* et *en connaissance de cause* dans l'Église est un signe pour les chrétiens qui sont déjà ses membres. Il est bien que des bébés entrent en Église. Mais il est aussi très important que des gens qui ont une expérience et une histoire humaine deviennent en pleine conscience membres de l'Église.

Voudrais-tu un peu plus d'explication sur certains de ces points ?

LA CÉLÉBRATION

L'entrée en Église ou la 1re profession de foi en Église
C'est le premier moment du baptême (qui sera continué par la suite) ou le signe d'un recommencement dans la foi (pour des personnes déjà baptisées).
Cette célébration est prise en charge en commun et avec toi par celles et ceux qui sont témoins de ta recherche.
Le déroulement de la célébration remonte aux débuts de l'Église. En voici les principaux moments : — un dialogue d'amitié et de foi entre les participants — un geste de foi (le signe de la croix pour celui qui va vers le baptême ; le don de la lumière pour celui qui recommence à croire) — une lecture, écoute et échange de la parole de Dieu.

TEXTES ÉVANGÉLIQUES

« Les disciples s'approchèrent de Jésus pour lui demander : *''Qui est le plus grand dans le Royaume des cieux ?''* Jésus appela un petit enfant, le plaça au milieu d'eux et dit : *''En vérité, je vous le dis, si vous ne redevenez comme des enfants, vous ne pouvez entrer dans le Royaume des cieux.''* »

(Évangile de Matthieu, ch. **18**, *v. 1-3)*

Entrer dans le Royaume de Dieu et entrer dans l'Église, est-ce la même chose ?
Les gens qui ne sont pas membres de l'Église peuvent-ils être proches de Dieu et vivre dans son Royaume ?
Redevenir enfant : comment comprends-tu cela ?
Si Dieu aime tous les hommes, qu'est-ce que cela fait d'entrer dans l'Église ?

POUR ALLER PLUS LOIN...

Tu vas préparer la célébration d'entrée en Église ou de profession de foi en Église avec ton accompagnateur ou accompagnatrice.

Qui invites-tu ? Bien sûr, les personnes avec qui tu as «fait» certaines fiches seront heureuses d'être de la fête.

Comment pourrais-tu dire à quelqu'un de ton entourage qui n'est pas chrétien, le sens de ce geste que tu vas faire ?

Témoignages d'aujourd'hui

«Je n'ai pas été baptisé à ma naissance. Mais je me prépare au baptême. J'ai 32 ans. Il y a quelques mois, j'avais l'impression d'être... un cas, et d'avoir été oublié ! Maintenant je me dis qu'il est bien pour moi d'être un jour baptisé en sachant ce que je fais et parce que je le veux.»

(un catéchumène)

« Quand j'étais enfant, j'ai tout fait, comme on dit. J'ai été baptisée, j'ai communié, j'ai été confirmée. Et puis je me suis mariée à l'église. Mais ensuite j'ai tout arrêté, pour ce qui est de la religion. Et maintenant j'ai choisi de m'y remettre. Je vais bientôt dire publiquement que je suis chrétienne et j'attends d'être reconnue et acceptée comme membre de l'Église. Je crois que cela s'appelle une profession de foi.»

(une grand-mère qui recommence à croire)

Connaîtrais-tu des personnes dans ce cas ?

POUR GARDER EN MÉMOIRE

Parole de Jésus : « Aimez-vous les uns les autres comme je vous ai aimés. Il n'est pas de plus grand amour que de donner sa vie pour ses amis. »

(Évangile de Jean, ch. **15**, *v. 12-13)*

Ici s'achève une première phase du chemin catéchuménal.
Désormais quelqu'un est devenu ou redevenu ouvert à l'Évangile et membre de l'Église.
Normalement une seconde phase va bientôt commencer, car ce qui a été fait jusqu'ici a mis en place des bases mais n'a pas mené à son terme la découverte.

19 LE BAPTÊME DE JÉSUS

TU AS LA PAROLE

- ***As-tu déjà assisté à un baptême ?***
- ***Pourquoi on se fait baptiser, à ton avis ?***

Ce que croient les chrétiens

Le baptême existait *avant* Jésus. Il indiquait un renouveau : on voulait renaître.

• Jésus a été baptisé *à l'âge adulte*. Et c'est à partir de là que son action a commencé.

Lui, il était sans péché. Alors *pourquoi* a-t-il voulu être baptisé ?

— Il a voulu être solidaire de ceux qui se faisaient baptiser.

— Il pensait que le baptême était un bon signe de ce qu'il vivait. Car le baptême veut dire que la vie est neuve et belle, pleine d'espérance.

• Jésus n'a pas commencé à découvrir Dieu le jour de son baptême. Alors *que se passe-t-il* à son baptême ?

— Jésus se confie à Dieu et se sent uni à son peuple.

— Dieu intervient pour proclamer qui est Jésus et il affirme qu'il compte sur lui pour la mission de l'Évangile.

• Les chrétiens sont baptisés *eux aussi*, comme Jésus et en son nom. Ils sont témoins d'une vie nouvelle.

Tout cela fait-il de la lumière pour toi ?

Témoignages de croyants

Un jeune se préparant au baptême : « Ça me plaît que Jésus ait été baptisé. J'ai l'impression de lui ressembler en voulant me faire baptiser. »

Une femme pré-retraitée : « Jésus a voulu être baptisé pour s'associer à un mouvement de renouveau, de renaissance, à son époque. Cela le rend humain : il a le don de découvrir ce qui bouge et ce qui vit autour de lui. »

Dirais-tu, toi, autre chose, à propos du baptême de Jésus ?

Un baptême qui fait réfléchir

Jésus dans l'eau : il y descend et il en remonte. Signe des *traversées* que l'on fait dans la vie.

Jésus en face de Jean-Baptiste : on ne se baptise *pas soi-même,* on reçoit le baptême.

Jésus fils de Dieu : quand on est baptisé, on comprend que Dieu est Père.

Est-ce que cela te fait comprendre ce que c'est que le baptême ?

POUR GARDER EN TA MÉMOIRE

« A ceux qui l'ont reçu, Jésus a donné le pouvoir de devenir enfants de Dieu, à ceux qui croient en son nom, lui que ni le sang, ni la volonté humaine, mais Dieu a engendré. »

(Jean, 1, *12-13)*

Le récit du baptême de Jésus *(Matthieu, ch. 3, v. 13-17)*

Jésus se présenta sur les bords du Jourdain.	*Le Jourdain : un fleuve à l'est du pays.*
Il vint vers Jean-Baptiste pour être baptisé par lui. Jean-Baptiste voulait l'en empêcher. Il disait : « C'est moi qui ai besoin d'être baptisé par toi ! Et c'est toi qui viens à moi ! »	*Jean-Baptiste pressent qui est Jésus.*
Jésus répondit : « Pour l'instant, laisse faire : c'est ainsi qu'il faut mener à bien ce que Dieu souhaite. » Alors Jean-Baptiste le laissa faire.	*Vous remarquez la discrétion du texte.*
Jésus fut donc baptisé. Puis il remonta de l'eau.	*C'est ainsi que l'on célébrait autrefois le baptême.*
Alors les cieux s'ouvrirent.	*Belle formule pour dire que Dieu va se manifester.*
Jésus vit l'Esprit de Dieu descendre comme une colombe et venir sur lui.	*Ce n'est pas le cas dans tout baptême, bien sûr. Mais en tout baptême, l'Esprit vient.*
Et des cieux une voix se fit entendre : « Celui-ci est mon Fils bien-aimé. En lui, j'ai mis tout mon amour. »	*Quand Dieu agit, il y a souvent des signes et parfois on entend en soi ou de la part de quelqu'un une parole.*

POUR ALLER PLUS LOIN...

Le baptême, comment en parler ?
Souligne l'expression qui te plaît le plus dans la liste que voici :

bain de lumière - rencontre avec Dieu - traversée - nouvelle naissance - geste d'amour de Dieu - union à un peuple de croyants.

Que signifie pour toi la formule que tu as choisie ?

Sur ton carnet ou ton cahier, tu relèves la phrase de cette fiche qui est à garder en mémoire et tu l'illustres.

20 JÉSUS S'INTÉRESSE À LA VIE DES GENS

TU AS LA PAROLE

- ***Est-ce que ça compte, pour toi, de voir des gens ?***
- ***Connais-tu quelques personnes que Jésus a rencontrées à son époque ?***
- ***Et toi, aurais-tu aimé rencontrer Jésus ? Qu'est-ce que tu lui aurais dit ?***

Ce que croient les chrétiens

Jésus faisait *attention* aux gens, à leurs joies et à leurs problèmes.

Il ne prétendait pas tout arranger mais il faisait tout pour réveiller et renouveler la *confiance*. Pour lui, quelqu'un qui résiste à la malchance, à la fatalité, aux idées noires, et qui accepte de changer, est un être qui renaît.

Jésus était très libre. Il allait *chez tout le monde*, chez les pauvres comme chez les riches, chez les gens bien comme chez les autres.

Lui qui était près de Dieu se sentait proche des autres. Pour lui, s'approcher des autres pouvait être un *chemin* vers Dieu.

Tu vois la manière de vivre que cela ouvre ?

Témoignages de croyants

« J'aime lire les histoires de Jésus dans l'Évangile. On voit qu'il sait redonner de l'espoir aux gens. »

(un jeune apprenti)

« Parfois quand je lis l'Évangile, j'ai l'impression que Jésus vient chez moi. Bien sûr, je ne le vois pas, mais on a peut-être autant de chance que ceux qui l'ont vu, parce qu'au moins, on sait qui il est. »

(un Africain, nouveau baptisé)

« Quand je rencontre certaines personnes dont les paroles et les gestes me font du bien, je pense que c'est comme si je rencontrais Jésus. Cette personne, c'est peut-être quelqu'un que Dieu m'envoie. »

(un catéchumène du Viêt-nam)

« J'ai été accueilli par une famille de chrétiens : ils vivaient quelque chose de très fort. »

(un réfugié)

Comment réagis-tu à ces témoignages ?

Difficultés aujourd'hui

Ce monde est dur. On a l'impression que tout ce que Jésus a dit et réalisé ne se produit jamais. Ou, si cela arrive, cela ne dure pas.

Qu'en penses-tu ?

On ne connaît pas toujours des chrétiens et on ne sait pas toujours ce qu'ils vivent. Où peut-on les rencontrer ?

T'es-tu posé cette question ?

POUR GARDER EN MÉMOIRE

« Heureux vos yeux parce qu'ils voient, heureuses vos oreilles parce qu'elles entendent ! »

*(Parole de Jésus, Év. de Matthieu, **13**, 16)*

TEXTES ÉVANGÉLIQUES

- **L'histoire de Zachée**

Zachée, percepteur d'impôts, avait réputation d'être malhonnête. Pour voir Jésus qui passait dans sa ville, il monta sur un arbre : il y avait une grande foule et il était tout petit. Jésus le vit et lui dit qu'il s'invitait chez lui. Ce qu'ils se dirent ensuite, tu peux le lire dans l'évangile de Luc au chapitre *19*, versets 8-10.

- **Jésus s'intéressait aux gens**

Aux *gestes simples* de la vie quotidienne :

*Luc, **21**, 1-4 (un geste de générosité)*

A ses *disciples* et à ses amis ;

*Marc, **9**, 33-37 (une querelle pour des places)*

Aux *enfants* :

*Matthieu, **19**, 13-15 (ils ont de l'importance)*

Aux *malades* :

*Matthieu, **8**, 5-13 (un paralysé) - Marc, **1**, 10-45 (un lépreux) - Marc, **8**, 22-26 (un aveugle)*

Aux *profiteurs* (même eux !) :

*Marc, **2**, 15-17 (un homme d'argent)*

Aux *marginaux* :

*Luc, **7**, 36-50 (une prostituée)*

Aux *étrangers* :

*Matthieu, **15**, 21-28 (une femme du nord du pays)*
*Matthieu, **8**, 5-13 (un officier de l'armée d'occupation)*

Aux gens ayant de la peine à *joindre* les deux bouts :

*une veuve (Luc, **18**, 1-5)*
*des ouvriers agricoles (Matthieu, **20**, 1-16)*

POUR ALLER PLUS LOIN...

S'intéresser aux gens : tu sens que c'est une manière de les aimer ? Tu connais, dans ton quartier, des personnes qui s'intéressent aux gens ?
Parmi les gens que tu rencontres, y en a-t-il à qui tu ne fais guère attention ? Tu vois pourquoi ?
Parler à Dieu des gens que l'on a rencontrés : une indiscrétion ou un acte de foi ?

21 JÉSUS APPELLE À SE CONVERTIR*

** (Cette fiche peut être « faite » en groupe)*

• Si vous êtes plusieurs pour parler à partir de cette fiche : chacun(e) essaie de dire ce qu'est pour lui ou pour elle aujourd'hui l'appel de Jésus à se convertir.
• Si tu es avec ton accompagnateur (ou ton accompagnatrice) : tu reviens sur la fiche n° 19. Qu'est-ce que tu en retires ?

L'APPEL DE JÉSUS

• **Le message central** qu'il communique, c'est :

« Les temps sont accomplis
Le royaume de Dieu est proche.
Convertissez-vous
Et croyez à la bonne nouvelle. »
Ce message a déjà été cité dans la fiche 8 (Marc, *1*, 15).

Comment pourrait-on dire cela aujourd'hui pour les gens actuels ?

• **L'une des paraboles** de Jésus qui parle le mieux de la conversion, c'est celle du Fils prodigue (ou gaspilleur)
On la trouve dans l'évangile de Luc, ch. 15, v. 11-32.

Dans le groupe on lit le texte. Trois personnes acceptent de « faire » le père, le fils aîné, le plus jeune fils. Et une 4e personne lit les phrases de récit.

Puis, après un court moment de silence, les trois personnes qui ont « fait » l'un des personnages disent, avec leurs mots à elles, comment elles vivent la situation (en parlant au nom de leur personnage et dans sa logique).

On commence par le fils aîné, puis on en vient au fils le plus jeune, enfin on fait parler le père.

GARDER EN MÉMOIRE
l'appel de Jésus et en faire une prière.

POUR ALLER PLUS LOIN...

Tu compares *dans le ch.* 15 *de Luc la parabole de l'enfant prodigue avec les deux autres paraboles (qui ont presque le même sens) de la brebis perdue et de la pièce perdue. Tu notes sur ton cahier ou ton carnet deux ou trois différences entre les trois paraboles.*

Tu pries *en demandant à Dieu d'entrer par la conversion dans son Royaume.*

Tu demandes *conseil ou aide — si tu t'y sens porté(e) — pour découvrir et faire cette conversion, à quelqu'un en qui tu as confiance (accompagnateur, ami, prêtre, etc.).*

Les autres membres du groupe parlent alors : qu'est-ce qu'on aimerait ajouter pour mieux comprendre chacun des trois personnages ?
Enfin on se demande ensemble quel appel cette parabole nous adresse à nous aujourd'hui, là où nous vivons les uns et les autres.

Si tu es seulement avec ton accompagnateur ou accompagnatrice, vous vous partagez les rôles (par exemple tu «fais» le fils aîné et la personne qui lit le récit).
Le groupe pourrait se terminer par une «célébration» *: chant, intentions de prière, etc.*

L'APPEL A ENTRER DANS LE ROYAUME DE DIEU

Pour Jésus, comme pour les prophètes, se convertir veut dire que l'on *change*, que l'on revient à l'essentiel, que l'on retrouve la bonne direction, que l'on retrouve un cœur simple d'enfant (Matthieu, *18*, 3).

Cela permet d'être croyant : «Convertissez-vous *et croyez* à la bonne nouvelle» (Marc, *1*, 15).

La conversion est possible pour tout le monde, car c'est *Dieu* qui en donne le courage : le Royaume de Dieu est proche (Marc, *1*, 15).

La conversion *réjouit* Dieu, lui fait plaisir (Luc, *15*, v. 7, 10 et 31-32). Se convertir, c'est créer de la joie, jusque chez Dieu.

Se convertir, on le fait en général quand on y est *appelé* : c'est ce que l'on vit quand on reçoit cet appel comme une bonne nouvelle (Luc, *24*, 47).

Ces lignes (et les textes à voir) sont pour une réflexion personnelle après *la réunion du groupe.*

22 JÉSUS NOUS APPREND À PRIER

TU AS LA PAROLE

- ***Si tu pries, quel effet cela a sur toi ?***
- ***Penses-tu que l'on puisse apprendre à prier ?***

Ce que croient les chrétiens

• Jésus a eu *le goût, le désir de prier*. On le voit en lisant l'Évangile (cherche au moins quelques références dans un texte d'Évangile).

Jésus prie à *certains moments* de sa vie :
au moment de son baptême (Luc, *3*, 21) — quand il choisit 12 disciples (Luc, *6*, 12) — au moment où il entrevoit qu'on va le supprimer (Luc, *9*, 29) — avant de donner à ses disciples un schéma de prière (Luc, *11*, 1) — au moment où il va être arrêté (Jean, ch. *17* et Marc, *14*, 36).

Par ailleurs, très souvent Jésus prie *seul*, pour parler à son Père : Marc, *1*, 35-37 (au début de son action) — Luc, *9*, 18 et Matthieu, *14*, 23 (au cours de son action).

Enfin Jésus prie *avec d'autres* : au moment des repas (Matthieu, *15*, 36 : Jésus « rend grâce » à Dieu), au temple de Jérusalem (Luc, *19*, 45-48 — Jean, *7*, 1-24), dans les synagogues (maisons de prière et d'étude) (Marc, *6*, 1-6), ou encore auprès de Lazare, son ami qui était mort (Jean, *11*, 41-42).

• Jésus a donné des *conseils pour prier* :
prier en permanence, c'est-à-dire en « y revenant » (Luc, *11*, 5-8 et *18*, 1-8) — ne pas rabâcher (Matthieu, *6*, 7) — prier en faisant silence en soi (Matthieu, *6*, 5-6) — prier au nom de Jésus (Jean, *16*, 24) — prier en étant plein de confiance (Luc, *11*, 9-13) — prier parfois à plusieurs (Matthieu, *18*, 19-20).

Si tu n'as pas le temps de tout lire, note ce que tu lis et tu reviendras dans les prochains jours sur les autres textes.

«J'essaie de pardonner, même quand je n'arrive pas à oublier le tort qu'on m'a fait. Quand j'ai pardonné, la paix ne revient pas toujours tout de suite… Il faut que l'autre aussi accepte de faire la paix. Mais, quand j'ai pardonné, je ne suis plus le même.»

(Claude)

«J'ai été baptisé il y a trois ans et j'ai vraiment le sentiment d'avoir été pardonné. C'est extraordinaire ! Je ne sais pas comment en parler. Le passé n'est pas oublié, mais on le revoit autrement.»

(un jeune)

Tu sens tout ce que le pardon veut dire ?

Difficultés aujourd'hui

Quand c'est une injustice qui a été faite, on ne peut pas tout de suite passer par-dessus.

Il faut parfois un long chemin pour pouvoir pardonner à quelqu'un.

Il y a des conflits entre les hommes (famille, pays) : on ne voit pas d'issue parfois, et il faut du temps pour se réconcilier. On pense parfois à pardonner aux autres mais on ne pense pas toujours qu'on a besoin d'être pardonné.

POUR GARDER EN TA MÉMOIRE

Parole de Jésus : «*Ce ne sont pas les gens bien portants qui ont besoin de médecins mais les malades.*»

(Marc, 2, 17)

TEXTE ÉVANGÉLIQUE

Tu lis le récit de la *guérison* d'un homme paralysé qui reçoit en même temps le pardon pour sa vie. C'est en Matthieu, *9*, v. 1-8.

Qu'est-ce que tu comprends du pardon, *quand tu lis ce récit ?*
Qu'est-ce que tu comprends de Jésus *?*

POUR ALLER PLUS LOIN…

Tu réfléchis *personnellement sur le texte :* Matthieu, 18, *19-20 (combien de fois pardonner ?). Tu notes tes réflexions dans ton carnet ou cahier.*

Si l'on n'arrive pas à pardonner, c'est peut-être qu'on est blessé. Comment guérir *? Est-ce d'en parler ? de prier ? d'attendre ? de ne pas penser qu'à ça ?*

Tu pries avec le psaume 50.

Tu regardes la photo ci-dessous. Qu'est-ce que tu en penses ? Tu choisis, toi, une photo, *et tu la colles dans ton cahier ou ton carnet en lui donnant un titre à ton idée.*

24 JÉSUS FAIT (PARFOIS) DES MIRACLES

TU AS LA PAROLE

• Quand tu entends le mot « miracle », à quoi ce mot te fait-il penser ?
• A ton avis, y a-t-il toujours des miracles aujourd'hui ?

Ce que croient les chrétiens

Jésus a fait des miracles, notamment des *guérisons*.

Il a dit que ces miracles étaient des *signes* de la présence et de l'amour de Dieu pour nous. Des signes de l'Évangile.

La présence de Dieu se perçoit donc par les miracles, mais surtout *dans la vie courante* où il y a beaucoup de signes quotidiens (reprendre espérance, trouver une solution à un problème, se réconcilier, s'aimer, etc.). Alors bien des choses deviennent « miraculeuses », pour ainsi dire.

Un miracle, c'est donc un événement *inattendu* et *heureux* que l'on comprend comme un *don* et un *signe* de Dieu.

> *As-tu déjà lu dans l'Évangile un récit de miracle ? Tu t'en souviens ?*

Témoignages de croyants

Un homme se préparant au baptême : « Pour moi, il n'y a

pas que les miracles de l'Évangile ou ceux de Lourdes. Il y a tous les renouveaux de la vie. »

Un jeune : « Les miracles, on ne les voit *pas toujours tout de suite...* »

Une jeune femme : « Pour moi, c'est *toute la vie* qui est un miracle car elle est étonnante. C'est une question de regard. »

Difficultés aujourd'hui

Certains chrétiens trouvent que les miracles de Jésus sont presque *gênants* : « Cela risque d'entraîner la foi du côté du bizarre et du merveilleux. »

Pour toi, quelle est ta réaction ?

On dit parfois que les miracles doivent pouvoir *s'expliquer* : ils mettent peut-être en jeu des forces (encore) inconnues mais au fond normales.

Est-ce ton idée ?

Pourquoi n'y a-t-il pas *plus de miracles* ? Est-ce que Dieu a ses têtes ? Pourquoi certaines personnes sont-elles *privilégiées* ?

Tu t'es parfois posé ces questions ?

« S'il y a des signes aujourd'hui, pourquoi *moi* je n'en vois pas ? »

(un catéchumène)

C'est ton cas ?

POUR GARDER EN TA MÉMOIRE

« Gloire à Dieu au plus haut des cieux !
Et paix sur la terre aux hommes qu'il aime. »

*(Luc, **2**, 14)*

TEXTES ÉVANGÉLIQUES

• *Récit des pains multipliés :*
Tu trouveras ce texte en Jean, *6*, 5-15.

Tu connaissais déjà ce texte ?
Qu'est-ce qui te touche dans ce récit ?
Tu remarques que le miracle se fait à partir du « petit peu » que l'on a déjà (v. 9). C'est par hasard ? Ou bien c'est important ?
Pourquoi Jésus ne veut-il pas être roi (v. 15) ?

• Tu veux chercher deux ou trois autres récits de miracles, par exemple dans l'évangile de Marc ? Tu pourrais noter les références avec un mot de résumé et l'on pourrait en reparler.

Quelle impression tu as, après avoir fait ce travail ?

POUR ALLER PLUS LOIN...

En regardant ta vie dans la foi, y a-t-il des choses qui te semblent être des signes de Dieu ? (Tu notes dans ton carnet ou ton cahier l'un de ces signes qui comptent pour toi. Cela peut être aussi des personnes ou des événements.)

On peut parfois, avec Dieu, faire plus *qu'on ne pensait. Est-ce que ce ne serait pas* comme *des miracles ?*

Ce qui est miraculeux, c'est ce qui rend espoir. Tu connais des gens qui aujourd'hui sont des faiseurs d'espoir ?

25 JÉSUS PREND PARTI SUR LE BONHEUR ET LA SOUFFRANCE *

* *Fiche à «faire», si possible, en groupe.*

• *Si vous êtes plusieurs pour parler à partir de cette fiche :*
Chacun(e) essaie de dire comment l'Évangile de Jésus éclaire notre vie quand nous sommes heureux ou quand nous souffrons.
• *Si tu es avec ton accompagnatrice ou ton accompagnateur :*
Est-ce que, depuis le début de ta recherche religieuse, l'Évangile a mis en toi un peu de joie ?

Ce que croient les chrétiens

Dieu aime la *joie* et non la souffrance. Il est pour la vie et non pour la mort.

Pourtant il y a dans notre existence des moments de souffrance physique ou morale : on ne se sent pas bien, ça ne va pas, on se sent seul, on est fatigué ou épuisé, on est mal, on a mal. Exemples : maladie, chômage, isolement, difficultés en amour ou en couple.

La souffrance n'est *pas une*

punition que Dieu nous envoie. Elle est due à nos limites (on n'est jamais tout à fait au point!) et à nos fautes, nos erreurs et faux pas (donc, parfois, à notre péché).

Même quand la souffrance est là, il est pourtant possible de *garder* une voie ouverte vers le bonheur : c'est ce que Jésus dit dans les béatitudes (cf. fiche 16). De même, quand on souffre, on doit pouvoir garder autant que possible une ouverture à Dieu, même si c'est parfois difficile. Dieu lui-même nous y aide.

La joie ou le bonheur sont en nous, non pas à cause de l'argent ou de la puissance mais à cause de l'*admiration* pour les choses et les êtres, de la *simplicité* du cœur et de la *présence* discrète de Dieu en nos vies.

La joie et la souffrance ont été vécues par *Jésus* qui témoigne de l'une et de l'autre et nous appelle à vivre l'une et l'autre dans son Esprit.

C'est vite dit! Mais cela va loin...

Témoignages

«Je suis heureuse : enfants, mari, métier. Et je voudrais que ma joie soit contagieuse, dans notre monde gris et froid. Mais parfois je sens que certaines personnes souffrent de ma joie. Par exemple je m'en suis rendu compte en parlant, l'autre jour, avec une femme qui n'arrive pas à avoir d'enfant.» *(une maman)*

«Je suis malade. On me fait des rayons. Mais j'essaie de tenir bon. Après tout, la vie mérite que l'on se batte.»
(un homme en arrêt de travail)

Peut-être as-tu entendu des paroles comme celles-là ou d'autres? Tu t'en souviens?

Difficultés aujourd'hui

Certaines personnes pensent que le bonheur *seul* peut conduire à Dieu. Pas la souffrance.

Qu'en penses-tu?

Il est des chrétiens qui *offrent à Dieu* leurs souffrances. D'autres ne veulent pas le faire car, disent-ils, Dieu n'aime pas la souffrance.

Qu'en dis-tu?

Le bonheur n'est jamais complet. Il y a toujours quelque chose qui ne va pas. Pourquoi, demandent certaines personnes, le bonheur humain n'est-il pas *plus solide*?

Que réponds-tu?

POUR GARDER EN TA MÉMOIRE

«Merveilles que fit pour nous le Seigneur!»

(chant chrétien)

TEXTE ÉVANGÉLIQUE

Paroles de Marie, la mère de Jésus :
«Mon âme s'émerveille, tant le Seigneur est grand!
Je respire la joie à cause de Dieu
mon libérateur, car il a porté son regard sur son humble servante.
Oui, désormais, toutes les générations diront mon bonheur.
Le Dieu plein de force a fait pour moi de grandes choses : *saint est son nom!*»

(Luc, **1**, *46-49)*

Tu peux aller voir la suite de ce chant de joie dans l'évangile de Luc.

POUR ALLER PLUS LOIN...

Tu notes sur ton carnet ou ton cahier des signes de joie dont tu as été témoin.

Pour être «faiseur de joie», y aurait-il une *chose que tu pourrais faire, là où tu vis?*

26 LES MALENTENDUS ENTRE JÉSUS ET SON ENTOURAGE

TU AS LA PAROLE

- ***Connais-tu des cas où l'on voit qu'entre Jésus et son entourage, cela « grinçait » ?***
- ***Dans ta vie, y a-t-il eu des malentendus ? Est-ce que cela t'a apporté quelque chose ?***

Ce que croient les chrétiens

Il n'est pas étonnant que Jésus ait été critiqué et discuté, même par des gens de bonne foi : il *dérangeait*.

L'important, c'est de comprendre ce qu'on *reprochait* à Jésus : il n'allait pas assez vite pour changer le monde, il soulevait des espérances qui allaient être déçues, il avait perdu le bon sens, il avait avec Dieu une familiarité surprenante. Tout cela, on le lui reproche (plus ou moins) encore aujourd'hui.

Cela ne peut *pas* être *autrement*. Nous sommes trop pressés, trop peu ambitieux, trop insensibles à Dieu ou trop pleins d'idées sur lui. Avec Jésus, rien d'étonnant s'il faut « s'expliquer » en permanence.

Cela te surprend que l'on puisse « contester » Jésus ?

Témoignages de croyants

« Je ne suis pas toujours d'accord avec Jésus. Mais j'essaie de comprendre ce qu'il veut dire et je lui fais confiance. » *(un catéchumène)*

Difficultés aujourd'hui

L'eucharistie (ou la messe) a perdu presque tout son aspect de repas : on ne s'en rend plus beaucoup compte.

Dans les messes où tu es allé, peut-être cependant quelque chose t'a fait penser à un repas ?

Parfois on voudrait que la messe soit une fête joyeuse.

Mais, en fait, la Cène fut un repas de prière et de courage.

La joie est peut-être plus profonde que l'ambiance de fête.

Le Jeudi saint, Jésus a dit qu'il continuerait à être présent. Mais cela est bien mystérieux.

Tu comprends ce qu'il voulait dire ?

TEXTES ÉVANGÉLIQUES

D'après l'évangile de Jean, le dernier repas de Jésus commença par un geste *au service de ses frères*.
Tu trouves ce récit au ch. *13*, v. 1-20.

Au cours du repas, toujours d'après l'évangile, Jésus prit la parole pour dire *son dernier message*.
Tu peux lire quelques passages de ce message dans un des chapitres de l'évangile de Jean que voici : *13, 14, 15, 16* ou *17*.

Au cours du repas, Jésus fit *deux gestes* que les chrétiens font toujours :
« Prenant le pain, il pria en remerciant Dieu, il rompit le pain et le donna aux disciples en disant : ceci est mon corps livré pour vous. De même, à la fin du repas, il prit la coupe de vin, de nouveau il la bénit et la donna à ses disciples en disant : ceci est la coupe de mon sang, le sang de l'alliance nouvelle et éternelle qui sera versé pour vous et pour la multitude en rémission (= pardon) des péchés. Vous ferez cela en mémoire de moi. »

(Mat., **26***, Marc,* **14***, Luc,* **22***)*

POUR ALLER PLUS LOIN

Si tu vas à la messe, ne crains pas de t'approcher de l'autel pour mieux participer…

Le désir de l'eucharistie, laisse-le naître en toi.

Ne crains pas d'éprouver des difficultés pour comprendre la messe. De toute manière, elle nous dépasse tous. Et puis tu as du temps pour la découvrir.

POUR GARDER EN TA MÉMOIRE

« Ta mort, nous l'annonçons par ce pain et ce vin. »

(chant chrétien)

28 LA MORT DE JÉSUS

TU AS LA PAROLE

- ***As-tu été marqué(e) par la mort de quelqu'un ?***
- ***Beaucoup de prophètes et de libérateurs ont été assassinés (martyrs de la Résistance, Gandhi, Martin Luther King, etc.). Comprends-tu que l'on puisse risquer la mort par fidélité à une cause ?***
- ***Sais-tu quelque chose de la mort de Jésus ?***

Ce que croient les chrétiens

La mort de Jésus est une *vraie* mort, pas une mort apparente.

Dieu n'empêche pas les hommes d'agir. Même quand on s'en prend à Jésus. Il n'agit pas par *coup de force*.

Mais ce n'est pas de sa faute si Jésus meurt. Dieu *ne désirait pas* la mort de son Fils.

La croix est devenue le signe des chrétiens. Elle nous rappelle ce que Jésus a vécu avant : ses actes, ses paroles, sa joie (il n'est pas seulement le crucifié). Elle nous rappelle aussi que Jésus n'est pas resté dans la mort et qu'il est ressuscité : elle est le signe que la mort n'a pas le dernier mot.

Dans sa mort, Jésus fait l'offrande de sa vie. Il meurt *en aimant*. Il ouvre un chemin pour nous.

> *Tout cela est-il bonne nouvelle pour toi ?*

Difficultés

Pourquoi, finalement, Jésus s'est-il *« laissé prendre »* ? Pourquoi n'a-t-il pas cherché à se défendre et à s'échapper ?

Si Jésus s'attendait à ressusciter, peut-on dire qu'il est *vraiment* mort ?

Jésus est mort. Mais *à quoi ça sert*, de mourir ?

« Je ne vois pas en quoi la mort de Jésus m'éclaire quand je vois mourir des gens que j'aime. »

(un jeune)

Témoignages de croyants

- « Aujourd'hui, on s'organise pour cacher la mort. Mais peut-on vivre sans prendre des risques qui peuvent conduire à la mort ? Si la société masque la mort, c'est parce qu'elle ne veut pas voir les choses en face. Est-ce que les chrétiens ne devraient pas éviter de fuir la réalité ?

(une mère de famille)

- « L'histoire des derniers jours de Jésus me frappe beaucoup : il sent que Dieu est avec lui. »

(un nouveau baptisé)

- « Mourir ? oui, mais pas seul. On a besoin, à ces moments, d'être accompagné. »

(une personne âgée)

- La foi transforme souvent le décès qui touche une famille en l'ouvrant sur l'avenir.

POUR GARDER EN TA MÉMOIRE

Parole de Jésus : « Si quelqu'un veut venir à ma suite, qu'il prenne sa croix et qu'il me suive. »

(Mt., **16**, *24)*

POUR ALLER PLUS LOIN

Risquer quelque chose de sa vie ou de sa tranquillité pour défendre ce qui est important, n'est-ce pas une manière de participer à ce que Jésus a vécu ?

Mourir à cause de Jésus, cela arrive toujours : il y a encore des martyrs.

Une fois par an, le Vendredi saint, les chrétiens se rassemblent en pensant à la mort de Jésus. Ils écoutent lire ce récit. Ne serait-il pas bon que tu fasses ainsi ?

CE QUE DISENT LES ÉVANGILES

1. Jésus a rencontré de graves difficultés avec certaines personnes

— avec sa *famille*, un peu inquiète : lis dans l'évangile de Marc, *3*, 20-21 et *3*, 31-35 ;
— avec ses *disciples* : parfois angoissés (Mt., *8*, 23-27) ou surpris (Mt., *19*, 27-30), parfois ambitieux (Mt., *22*, 24-30 et Mc., *10*, 35-40). Ils auraient souhaité un triomphe plus rapide et plus facile ;
— avec les « *pharisiens* » : de grands croyants, un peu trop enfermés dans leurs règles. Tu pourrais lire en particulier, dans l'évangile de Matthieu, les ch. *12* et *23* ;
— avec les « *chefs des prêtres* » et les responsables du Temple : ils voyaient mal que Jésus suscite des mouvements de foule. Lis : Mt., *21*, 23-27 ;
— avec les « *scribes* », spécialistes de la Bible : ils étaient parfois choqués par l'audace et la liberté de Jésus (Luc, *20*, 45-47) ;
— avec le *grand public*, enthousiaste mais versatile et vite déçu (Mt., *11*, 16-19).

2. Jésus a été condamné

à cause de son message qui dérangeait les gens. Ses adversaires étaient puissants et vigilants : un groupe du clergé de Jérusalem le fit arrêter et le livra aux autorités romaines.

3. Les derniers moments de Jésus

— le jeudi soir (= le Jeudi saint), le 6 avril de l'année 30, Jésus prit un dernier repas (cf. fiche n° 20) et offrit sa vie ;
— le vendredi 7 avril (= le Vendredi saint), après une nuit d'interrogatoires, Jésus fut condamné, mis en croix et mourut l'après-midi. Il fut mis dans un tombeau ;
— le samedi 8 avril (= le Samedi saint), jour de repas religieux pour les juifs, c'est le deuil ;
— le dimanche matin 9 avril, des femmes vinrent au tombeau pour les devoirs funéraires habituels. Jésus n'était plus là. Il était ressuscité.

Tout cela est à lire dans l'Évangile (par exemple : Mt., 26-28).

29 JÉSUS EST RESSUSCITÉ

TU AS LA PAROLE

• Les chrétiens disent : Jésus est ressuscité. Quel écho ont en toi ces mots ?
• Tu as dû entendre parler de la résurrection de Jésus. Tu te rappelles à quelle occasion ?

Ce que croient les chrétiens

Les apôtres ont témoigné de la résurrection de Jésus. On peut résumer ainsi leur *annonce* :

Le Seigneur Jésus s'est manifesté à nous après sa mort en croix.
Nous l'avons vu de nos yeux, touché de nos mains, entendu de nos oreilles.
Nous avons mangé avec lui.
C'était bien lui mais il avait une vie toute nouvelle.
Nous avons eu du mal au début à croire cela.
Mais ensuite nous en sommes devenus tout à fait certains
et cette foi nouvelle a complètement transformé notre vie.
Jésus est vivant en Dieu et il nous donne sa vie.
Il nous communique le Saint-Esprit et nous envoie
annoncer la Bonne Nouvelle dans le monde entier. ▶

TEXTES ÉVANGÉLIQUES

(*à lire et à réfléchir* avant *la rencontre*).

1. *Le témoignage des femmes*
(*Mt.*, **28**, *1-10; Mc.*, **16**, *1-8; Luc*, **24**, *1-12; Jean*, **20**, *11-18*)

Elles sont venues le dimanche matin : le tombeau était ouvert. Et une parole leur a été dite.

> *Tu lis l'un des récits qui viennent d'être indiqués.*

2. *Le récit des pèlerins d'Emmaüs* (*Luc*, **24**, *13-35*)

Très beau récit. Il est à lire en s'émerveillant.
« Leurs yeux s'ouvrirent et ils le reconnurent... »
« Ils se dirent l'un à l'autre : notre cœur n'était-il pas tout brûlant au-dedans de nous ? »
« Ils leur dirent : c'est bien vrai, le Seigneur est ressuscité et il est apparu à Simon. »

Ces *événements* sont racontés d'une manière *forte* mais *discrète*.
Ils se sont imposés à ceux qui les vivaient malgré leurs doutes. Ce qui arrivait concordait avec ce que Jésus avait vécu et en même temps changeait tout. Dieu était intervenu. Ce n'était pas une illusion de gens voulant se consoler. Le Ressuscité les envoyait vers les autres.

Et cela continue toujours aujourd'hui. PÂQUES dure.

Entre dans ce témoignage...

Difficultés

Comment *imaginer* Jésus ressuscité ? On ne peut pas.

Il n'y a que des *croyants* qui ont vu Jésus. Ou du moins des gens qui, par la suite, sont devenus chrétiens (comme Paul). Est-ce normal ?

Les premiers chrétiens ont eu une *expérience* très forte. On dirait que cette expérience, pour nous, s'est un peu atténuée.

Ces difficultés sont-elles les tiennes ?

3. *Jésus au milieu des disciples* (*Luc*, **24**, *36-49*)

Voici que Jésus se tient au milieu d'eux et leur parle. Il tient à ce qu'on ne le prenne pas pour une apparition illusoire. Vois comment le texte y insiste.

Tu pourrais lire aussi un récit semblable en Jean, 20, *19-23.*

4. *La réaction de saint Thomas* (*Jean*, **20**, *24-28*)

Thomas ne veut pas tout croire sans réagir. Il demande à se rendre compte lui-même. Finalement il dit : « Mon Seigneur et mon Dieu ». Et Jésus ajoute : « Heureux ceux qui croient sans avoir vu ! »

5. *Le témoignage de Paul*

(*1re lettre aux Corinthiens*, **15**, *3-8*)

Paul, un des apôtres, au début de l'Église, dit ce qu'il a lui-même reçu :
« Le Christ est mort pour nos péchés. Il a été mis au tombeau. Il est ressuscité le troisième jour selon ce qui était écrit. Il est apparu à Pierre, aux Douze, à plus de cinq cents disciples à la fois, ensuite à Jacques, puis à tous les apôtres, enfin à moi aussi. »
Paul a raconté sa propre expérience de relation avec le Christ ressuscité (Actes des Apôtres, *9*).

Ces textes sont à découvrir comme un don de Dieu et une nourriture pour la foi.

POUR GARDER EN TA MÉMOIRE

Parole de Pierre, l'un des premiers chrétiens : « Jésus, Dieu l'a ressuscité, nous en sommes tous témoins. »

(*Actes des Apôtres*, **2**, *32*)

POUR ALLER PLUS LOIN...

Peut-être y a-t-il un peu de résurrection dans ta vie...

Si tu veux comprendre ce qu'est la résurrection de Jésus, tu pourrais demander à Dieu de te faire comprendre.

Connais-tu un chant des chrétiens qui dit leur joie de croire au Christ ressuscité ? Tu pourrais en demander un à ton accompagnatrice ou ton accompagnateur et, s'il te plaît, te le chanter parfois, comme une prière.

Sur ton carnet ou ton cahier, tu écris (si possible en couleur) la parole de Jésus : « Heureux ceux qui croiront sans avoir vu ! »

(*Jean*, **20**, *29*)

30 LA RÉSURRECTION DE JÉSUS ET NOUS AUJOURD'HUI *

** Cette fiche est à «faire» en groupe (si possible)*

VOUS AVEZ LA PAROLE

• La résurrection de Jésus a eu de l'importance pour les premiers chrétiens. En a-t-elle toujours autant pour nous aujourd'hui ?

• Aujourd'hui certains s'intéressent plus à la réincarnation qu'à la résurrection. Tu en connais ?

• Dans certains cas, quand quelqu'un guérit ou redémarre, on dit : c'est une vraie résurrection ! Est-ce dans le même sens que pour Jésus ?

Ce que croient les chrétiens

(à lire lentement, paragraphe par paragraphe)

• Jésus *demeure* toujours ressuscité. Il a une vie nouvelle, bien sûr mystérieuse. Il n'est plus enfermé dans un pays ou une époque. Il peut être proche de tous. Il est solidaire de nous. La Bible dit qu'il est vivant et qu'il est Seigneur.

• A *tous les humains*, pas seulement aux chrétiens, est offerte une possibilité : être en relation avec le Christ ressuscité chaque jour. Cela, les hommes ne le savent pas toujours. Pourtant ils peuvent réellement vivre de la résurrection de Jésus. Cela ne leur donne d'ailleurs pas forcément le désir d'être chrétiens.

• Les *chrétiens* croient au Christ ressuscité et lui sont, eux aussi, unis, mais de manière visible, en appartenant à l'Église. Ils sont appelés à vivre de la résurrection de Jésus comme des disciples et des témoins. Pour cela, ils puisent dans l'Évangile, dans les sacrements et dans la communauté de l'Église. Et ils ont pour responsabilité de témoigner ensemble du Christ vivant et d'annoncer la bonne nouvelle de sa résurrection.

• Les chrétiens savent que certains aujourd'hui croient à la *réincarnation*. Mais ce n'est pas leur foi. La réincarnation ne s'accorde pas avec la foi chrétienne. Pourquoi ? Parce que Dieu, selon la Bible, aime chacun de nous tel qu'il est et de façon définitive, sans que nous ayons à attendre une amélioration dans un autre corps.

• A cause de la résurrection du Christ, tous les hommes sont invités à *aborder la mort avec espérance*. Tous, nous ressusciterons, à la fin des temps, comme le Christ qui est déjà ressuscité, et avec lui.

• C'est *le jour de Pâques* (et en particulier la nuit de Pâques) que l'on fête la résurrection de Jésus. Le mot **pâques** veut dire : **passage**.

> *Heureux qui accueille la parole de Dieu !*

Difficultés aujourd'hui

On croit à la résurrection pour maintenant, mais c'est plus difficile pour après la mort.

La résurrection de Jésus, ce n'est déjà *pas facile à croire*. A plus forte raison celle de toute l'humanité ! On ne voit pas comment est possible un tel rassemblement à la fin des temps... et d'ailleurs dès notre monde.

On dit que la résurrection c'est une transformation de tout notre être, *y compris de notre corps*. Mais parfois on a de la peine à croire que notre corps prend et prendra réellement part à notre résurrection.

On pense parfois que tout cela est bien lointain et *n'a pas beaucoup d'importance* pour la vie de tous les jours.

Que penser de tout cela ?

POUR ALLER PLUS LOIN

La résurrection, on en vit quelque chose *déjà* chaque jour. Et puis il y a l'*au-delà*, après la mort. Que dirais-tu, pour l'instant, sur cet au-delà ? Tu l'écrirais sur ton cahier ou ton carnet ?

A ce moment où tu en es de la découverte de Jésus, *crois-tu*, toi aussi ?

Tu écris sur ton cahier ou ton carnet le mot biblique « **Alleluia** » (vive Dieu) qui est un mot de résurrection.

CÉLÉBRATION

Le groupe pourrait prier ensemble : une musique, un chant, un silence, une lecture d'évangile, une réflexion en commun, une prière aux intentions des uns et des autres, une prière pour celui ou celle qui découvre la foi chrétienne.

TEXTES BIBLIQUES

• Voici des extraits d'un texte écrit par saint Paul, l'un des premiers chrétiens :
« On se demande comment les morts ressuscitent, avec quel corps ils reviennent (...).

Eh bien, on sème ce qui est périssable et c'est de l'impérissable qui ressuscite (...).

Je l'affirme : la chair et le sang ne peuvent hériter du Royaume de Dieu ni le périssable hériter de l'impérissable (...). A la fin, les morts ressusciteront et ne pourront plus périr. »

(I Cor., **15***)*

Que recevoir de ce texte ?

• Voici un second extrait d'une lettre de saint Paul :
« Si c'est une même réalité avec le Christ que nous sommes devenus par une mort semblable à la sienne, nous lui serons aussi unis par une résurrection semblable à la sienne (...).

Nous croyons que nous vivrons avec lui, sachant que le Christ une fois ressuscité des morts ne meurt plus. »

(Rom., **6***)*

Il y a de l'impérissable en nous.

31 POURQUOI DIT-ON QUE JÉSUS EST DIEU ?

TU AS LA PAROLE...

• Maintenant que tu connais assez bien Jésus, vois-tu du divin en lui ?

• Si Jésus te posait la question qu'il a posée à ses disciples : « Que dites-vous que je suis ? », que répondrais-tu ?

Ce que croient les chrétiens

• Jésus n'est *pas seulement un homme parmi les hommes*, même très saint et très ouvert. Il a quelque chose d'exceptionnel. Ses disciples lui ont dit peu à peu : tu es l'envoyé définitif de Dieu, le Fils de Dieu par excellence. Après Pâques ils ont proclamé : Jésus est le Fils de Dieu. Il est lui-même Dieu.

• Dans le résumé de la foi des chrétiens (qu'on appelle le « Je crois en Dieu » ou le « Credo »), on dit de Jésus : « *Il est Dieu*, né de Dieu, lumière née de la lumière, vrai Dieu né du vrai Dieu. »

• Dieu est présent en Jésus. Jésus engage Dieu. Entre Jésus et Dieu, il n'y a pas de distance. Il n'y a qu'une distinction qui est *celle de l'amour*.

• Il est bien dans la ligne de Dieu de vouloir devenir humain. Car Dieu aime. Mais, en devenant un homme, le Fils de Dieu *ne cesse pas d'être divin* : ou alors il ne pourrait plus aimer assez.

• En Dieu il y a donc le Père, le Fils et aussi *leur Esprit* commun, leur amour réciproque.

|| *Cela, est-ce ta foi ?*

Témoignages de croyants

« Pour moi, Jésus est comme une fenêtre ouverte sur Dieu. En lui, je vois qui est Dieu. »

(une jeune chrétienne, 18 ans)

« Dire de Jésus qu'il est aimé de Dieu, comme Abraham, ou envoyé de Dieu, comme Moïse et les prophètes, ou encore Fils de Dieu, comme on le dit d'autres grandes personnalités religieuses, le Coran dit aussi cela. J'essaie de comprendre ce que me dit l'Église : Jésus est vraiment Dieu. »

(un étudiant d'origine marocaine)

« Quelle merveille de penser qu'en Jésus il y a Dieu et aussi tout l'homme ! »

(un converti du siècle dernier)

|| *Qu'as-tu à dire, toi ?*

Difficultés aujourd'hui

Beaucoup de gens qui cherchent la foi chrétienne *laissent au fond de côté* la question de savoir si Jésus est vraiment Dieu. Dommage, non ?

Jésus est Dieu. Mais *qui est Dieu* ? Parfois on laisse aussi cette question de côté. Dommage ! Retourne un instant aux fiches 2, 3, 4, 5, 6 et 7.

Dire que Jésus est Dieu, cela ajoute-t-il quelque chose à ce qu'il est comme homme ? A la limite, pensent certains, cela *éloignerait* presque Jésus de nous.

Parfois on veut vérifier, prouver. Mais, pour croire que Jésus est Dieu, il faut *changer son cœur.*

Quand on dit que Jésus est Dieu, n'est-ce pas une *manière de parler*? Jésus, disent certaines personnes, a peut-être été quelqu'un très proche de Dieu. Mais de là à dire qu'il est Dieu lui-même...

Autre difficulté : Jésus ne serait-il pas une sorte de déguisement ou de nom d'emprunt que Dieu aurait pris *temporairement* ?

La foi en la divinité de Jésus rencontre des difficultés. Cela n'a pas de quoi étonner. Le tout, c'est d'être disponible à ce que Dieu lui-même te fait comprendre.

TEXTES ÉVANGÉLIQUES

1. Jésus *interprète* la foi juive et la parole de Dieu. *(Matthieu,* **5***)*
Qui oserait faire cela sans avoir avec Dieu un lien très fort?

2. Jésus ose *pardonner* les péchés. *(Mt.,* **9***, 2-8)*
Qui peut vraiment pardonner les péchés, sinon Dieu?

3. Jésus appelle Dieu d'*un nom très familier,* « abba » (= « mon père bien-aimé »). *(Marc,* **14***, 36)*
De même il distingue le fait que Dieu est le Père de tous (« votre Père ») et le fait que Dieu est « son Père à lui ». *(Jean,* **20***, 17)*
Qui est-il pour avoir ainsi une intimité unique avec Dieu?

4. Jésus *envoie l'Esprit-Saint* de Dieu sur ses disciples. *(Jean,* **20***, 22-23)*
S'il a un tel rôle, c'est qu'il a une place tout à fait particulière par rapport à Dieu.
Après Pâques, les chrétiens ont dit : Jésus est divin, il est Dieu, Seigneur.

Comprends-tu ce que ces comportements de Jésus ont d'étonnant ?

POUR GARDER EN TA MÉMOIRE

(Le Verbe dont parle Jean est Jésus, Parole de Dieu.)
« Au commencement était le Verbe, et le Verbe était avec Dieu, et le Verbe était Dieu. »
(Évangile de Jean, **1***, 1)*

POUR ALLER PLUS LOIN

Pourrais-tu écrire *en quelques mots comment tu crois en Dieu Père, Fils et Esprit ?*

Il y a un Credo, *un « Je crois en Dieu » : si tu ne le connais pas encore, demande qu'on te l'explique. De toute façon, cherche ce texte dans un missel des dimanches et essaie peu à peu de te familiariser avec lui.*

Écoute les chrétiens proclamer *leur foi lorsqu'ils se réunissent pour célébrer le Christ Seigneur.*

32 OÙ VEUX-TU ALLER ?

Tu arrives presque à la fin d'une deuxième étape de ta recherche. Comme il est proposé à la fin de la première étape (fiche 16), nous t'invitons à faire le point :
• Où vas-tu ? Où veux-tu aller ?
• Tu peux « remplir » cette fiche, en répondant directement sur cette feuille.

• Tu « remontes » les pages de ton carnet ou de ton cahier en partant des dernières. *Quelles impressions as-tu ?* Dirais-tu qu'il y a une évolution ?

....

....

....

• Être chrétien, comment tu dirais ce que c'est en quelques mots, par exemple pour le dire à l'un(e) de tes voisins ou à un(e) ami(e) ?

....

....

....

(Cette fiche est à « faire » en étant seul ou seule, mais tu pourras en reparler.)

« Depuis que je suis baptisée, je crois que je suis devenue autre. J'ai trouvé ce que je cherchais. Mon mari m'a dit qu'il en était tout étonné. »

(une nouvelle baptisée)

« Quand j'ai fait baptiser mon enfant, cela a été pour moi l'occasion de redécouvrir la foi. C'est un peu comme si... j'étais rebaptisée, comme si l'eau coulait aussi sur moi. »

(une maman)

Tu as entendu quelqu'un parler de son baptême ?

Difficultés

• Il y a des gens qui disent : « Pour les *adultes*, on prépare avec soin le baptême ; mais pour les *bébés*, c'est vite fait, il n'y a pas à attendre. Pourquoi cette différence ?

• Certains adultes qui viennent d'être baptisés, tout en étant heureux, sont un peu *déçus* au bout de quelque temps. Ils ont l'impression que le baptême ne règle pas tous les problèmes.

• Certaines personnes ont plus ou moins le sentiment que l'on n'a *pas besoin* du baptême. Elles pensent pouvoir vivre très bien de l'Évangile sans cela.

• Il y a *beaucoup* de gens baptisés et *peu* de chrétiens convaincus. Comment cela se fait-il ?

• Le baptême est parfois compris comme un *don de Dieu*, ce qu'il est, mais pas assez comme une *relation aux autres chrétiens*.

• Il y a parfois des gens qui ont été baptisés enfants et qui voudraient être « *rebaptisés* » adultes.

• Il y a des adultes qui voudraient être baptisés mais qui ne savent pas *comment faire* pour se préparer et à qui en parler.

Réfléchis à ces difficultés : elles aident à comprendre le sens du baptême.

POUR GARDER EN TA MÉMOIRE

Parole de Jésus : « Il vous faut naître d'en haut. »

*(Jean, **3**, 7)*

TEXTES BIBLIQUES

Pour les premiers chrétiens, le baptême est :

— une *nouvelle naissance*. Jésus disait : « Il vous faut naître d'en haut » *(Jean, **3**, 7)* ;

— une *illumination* : « Jadis, vous étiez ténèbres, à présent, vous êtes lumière dans le Seigneur » *(lettre de Paul aux Éphésiens, **5**, 8)* ;

— une *liberté* : « C'est pour que nous restions libres que le Christ nous a libérés » *(Gal, **5**, 1)* ;

— une *purification* : « Regardez-vous comme morts au péché et comme vivants pour Dieu dans le Christ Jésus » *(lettre de Paul aux Romains, **6**, 11)* ;

— une nouvelle manière de *comprendre la mort* et d'en parler : « Offrez-vous à Dieu comme des vivants revenus de la mort » *(lettre de Paul aux Romains, **6**, 13)* ;

— une *participation* à l'Église que saint Paul appelle le corps du Christ : « Nous avons été baptisés pour ne former qu'un seul corps » *(1re lettre de Paul aux Corinthiens, **12**, 13)*.

POUR ALLER PLUS LOIN

Quand l'eau coule *sur le front au moment du baptême, le prêtre dit : « Je te baptise au nom du Père et du Fils et du Saint Esprit. »*

Les chrétiens ont des moyens de repenser *à leur baptême et de le mettre à jour... Renseigne-toi auprès de ton groupe.*

Le baptême des jeunes et des adultes se fait en plusieurs étapes *et s'achève dans la nuit de Pâques. Tu vois pourquoi ?*

34 LE PEUPLE DE DIEU : L'ÉGLISE *

** Cette fiche peut être faite en groupe.*

VOUS AVEZ LA PAROLE

• *Parmi les mots qui suivent, chacun(e) en choisit un qui semble bien désigner l'Église :* famille, mère Térésa, antiquité, institution, le pape, cathédrale, amitié, Jésus, divisions, paix, commandements, frères, tradition, liberté, femmes.

• *En mettant en commun vos choix, qu'est-ce que cela vous fait penser ?*

Ce que croient les chrétiens

L'Église, c'est à la fois des *lieux* où l'on se rassemble et un *peuple* qui, régulièrement, se retrouve pour prier ensemble et se parler.

> *Il y a intérêt à ce que les deux aspects aillent ensemble ?*

Si l'Église existe, c'est *à cause de Jésus*. C'est Jésus ressuscité qui est à l'origine de l'Église. C'est lui qui la rassemble dans son Esprit.

> *Le mot Église veut dire « appel », « convocation ».*

L'Église existe pour *faire plusieurs choses* :

- témoigner de Jésus et rappeler en vérité ce qu'il a fait, ce qu'il a dit et ce qu'il est ;
- contribuer à la vie des gens en les aidant à espérer, à rencontrer les autres, à être libres ;
- offrir à toutes les personnes qui le désirent la possibilité de devenir chrétiennes ;
- remercier Dieu pour tout ce qu'il donne à l'humanité.

> *Tu penses à d'autres choses ?*

L'Église est un peuple *varié* (langues, pays, âges) et qui existe *depuis 20 siècles* (une traversée au long cours !). Pour maintenir son unité, entretenir sa mémoire et aider à discerner les signes de l'Esprit, certains chrétiens ont un rôle particulier : on appelle cela un *ministère* (les prêtres, les évêques, les diacres, le pape, certains laïcs).

> *Tu sais ce que ces chrétiens ont à faire ?*

Témoignages de croyants

« Au début, je m'intéressais plutôt à Dieu et à Jésus. Maintenant je découvre aussi ce que c'est que l'Église. Je sens que c'est un peuple qui me donne l'Évangile. »

(une catéchumène)

« L'Église a des difficultés : conflits de tendances, autoritarisme. Mais je l'aime quand même. Car, sans elle, que serais-je ? *(un retraité)*

> *Vous pourriez vous souvenir d'*autres témoignages *?*

Difficultés aujourd'hui

Parfois l'Église ressemble, vue de loin, à un bloc monolithique. Parfois elle donne l'impression d'un émiettement (manque d'unité, oppositions, etc.).

Dans l'Église, il y a souvent une difficulté d'information ou de communication. On ne sait pas toujours assez ce qui se passe réellement.

Dans le peuple chrétien, il y a parfois des inégalités de rôles ou d'influences : le clergé a parfois trop d'importance, les femmes ont souvent trop peu accès aux responsabilités.

Certains chrétiens ont envie d'être chrétiens sans Église. Le fait d'appartenir à un groupe les gêne. Ils craignent qu'on limite leur liberté.

Certains chrétiens trouvent que l'Église évolue trop vite, d'autres qu'elle n'évolue pas assez vite.

L'Église n'est pas toujours repérable. Où sont les chrétiens ? On ne les voit pas toujours (en dehors de quelques déclarations de responsables).

Il y a des groupes religieux qui ne sont pas rattachés à l'Église et qui ont une valeur. Tout ne se ressemble-t-il pas, au fond ?

> *Cette longue liste de difficultés n'est pas pour «fatiguer» mais pour inviter à approfondir le sens de l'Église.*

CÉLÉBRATION

Chacun(e) lit un texte qu'il aime sur l'Église. Puis on lit la lettre de Paul aux Éphésiens, 5, 29-30. On prie et on chante.

TEXTES BIBLIQUES

L'Église, dit saint Paul, est *le corps du Christ*, son corps de communauté. « On se nourrit, on prend soin de soi. Eh bien, c'est ce que le Christ fait pour l'Église : nous sommes les membres de son corps » *(lettre aux Éphésiens,* **5**, *29-30)*.

Dans un corps, il y a *des membres différents* : « Il y a une diversité de dons... mais c'est le seul et unique Esprit qui distribue ces dons » *(1re lettre de Paul aux Corinthiens,* **12**, *4-30. Si tu le peux, tu lis tout ce texte : il est très éclairant)*.

Dans l'Église, on a besoin d'une *bienveillance fraternelle* : « Montrez-vous bons et attentifs les uns envers les autres, vous pardonnant mutuellement, comme Dieu vous a pardonné dans le Christ » *(lettre de Paul aux Éphésiens,* **4**, *32)*.

L'Église est un peuple où *l'Esprit de Dieu* agit : « L'Esprit vient au secours de notre faiblesse » *(lettre de Paul aux Romains,* **8**, *26)*.

> *Comment comprenez-vous cela ?*
> *Quelle bonne nouvelle pour aujourd'hui ?*

POUR ALLER PLUS LOIN

L'Église : des chrétiens que tu connais... et d'autres que tu ne connais pas encore ! Ne t'enferme pas avec les chrétiens que tu connais, mais aussi ne les laisse pas tomber.

Au moment de l'entrée en Église (ou 1re profession de foi en Église), fiche 18, tu as dit ce que tu attendais de l'Église. Du temps a passé depuis. Écris ce que tu as déjà reçu de l'Église, ce qu'elle t'a déjà apporté.

35 C'EST LE MOMENT ! APPEL DÉCISIF

TU AS LA PAROLE

A ce moment de ta recherche, on va te demander si tu veux être baptisé(e) ou bien (dans le cas où tu recommences à croire) si tu veux dire ta foi en union avec l'Église.
• Est-ce le moment ?
• Comment vas-tu répondre ?
• Qu'est-ce que cela te fait qu'on te demande cela ?

Un appel personnel

Si tu veux... Cela, Jésus le dit à chacune, à chacun. Son appel est personnalisé. Chacune, chacun est appelé par son prénom, comme quelqu'un qui compte personnellement et qui a un visage, une vie, un avenir.

> *Dieu t'aime tel(le) que tu es.*

L'appel que Jésus adresse est, au fond, le même pour tout le monde (sois en paix et en joie, crois que tu peux changer de vie, comprends que le Royaume de Dieu est proche). Mais cet appel est en même temps adapté à chacune et à chacun.

> *Il n'est donc pas du tout sûr que Jésus te*

SI TU VEUX

A un jeune de son époque, un peu trop attaché à l'argent, un jour Jésus a proposé de changer de vie. Il lui a dit :
« *Si tu veux...* » *(Luc, ch.* **19***, v. 16-22)*

A un malade qui attendait sans trop d'illusions un mieux, Jésus demanda, un autre jour :
« *Veux-tu* guérir ? » *(Jean, ch.* **5***, v. 6)*

> *Tu te mets (un peu !) à la place de ces deux personnes...*

Ces deux scènes sont caractéristiques : Jésus ne force pas la main, il n'est pas indiscret. Mais, en même temps, il appelle, il réveille les gens, il propose. Car il a conscience que *propose à toi ce qu'il propose à un autre. Ne te compare pas ! Tout le monde n'a pas la même vocation ! Ne t'étonne pas de ce qui est proposé à d'autres : ce n'est pas forcément cela qui t'est proposé.*

Un appel pour tous les chrétiens

Cet *appel* au nom de Jésus va t'être adressé par l'Église (peut-être même par l'évêque de l'endroit où tu vis). Ce sera un appel à devenir ou redevenir chrétien ou chrétienne.

Un appel semblable est adressé au nom de Jésus à chaque chrétien pendant le temps du *Carême*. Ce mot veut dire 40 (= 40 jours). Il désigne la période de l'année où l'on ré-entend, quand on est chrétien, l'invitation de Jésus à le suivre, à renouveler sa vie, à changer son cœur, à se convertir. Le carême, c'est un temps pour revenir à l'essentiel : on est aimé par Dieu et l'on peut aimer les autres.

Trouves-tu bien que tu sois appelé(e) en même temps que tous les chrétiens sont appelés ?

POUR GARDER EN TA MÉMOIRE

Parole de Jésus : « Venez à moi, vous tous qui êtes fatigués, et je vous soulagerai. »

(Matthieu, **11**, *27)*

l'heure est venue de se secouer, de se convertir. Le Royaume de Dieu s'approche. C'est le moment d'oser, d'imaginer, de risquer, d'essayer, de s'y mettre ou de s'y remettre.

Au nom de Jésus, on va te demander : *veux-tu* ? Ce n'est pas une formule toute faite. Cela veut dire : qu'est-ce que tu désires vraiment ? Où mets-tu ta volonté ? Est-ce que tu es prêt(e) à te décider vraiment et à tenir bon ?

Tu crois que Jésus te demande ce que tu veux ?

POUR ALLER PLUS LOIN

Tu parles avec une chrétienne ou un chrétien de ce qu'est le carême pour lui ou pour elle — et tu écris dans ton carnet ou ton cahier un petit résumé de la conversation.

Tu lis le texte évangélique de Luc, ch. **6**, v. 47-49, tu pries un petit moment, et tu écris dans ton cahier ou ton carnet ce que ces mots de Jésus veulent dire pour toi cette année.

36 JÉSUS NOUS INVITE À SON EUCHARISTIE

TU AS LA PAROLE

• Tu as dû aller déjà à la messe. Tout seul ou à une cérémonie familiale ou pour une fête. Qu'est-ce que tu as remarqué ?

• Pour parler de ce rassemblement des chrétiens qu'est la messe, il y a plusieurs mots : la messe, l'eucharistie, la communion. Vois-tu une différence entre ces termes ?

• As-tu déjà demandé à des chrétiens ce que cela leur faisait d'aller régulièrement à la messe ?

Ce que la Bible dit de l'Eucharistie

Le dernier repas de Jésus, le soir du Jeudi saint, est *l'origine* de la messe.
Vois la fiche 27.

L'eucharistie a beaucoup de sens :

— on se *nourrit* de la présence de Jésus et on reçoit son Esprit de résurrection.
Tu ferais bien de lire, sur ce point, le ch. 6 de saint Jean : un très beau texte ;

— on *reconnaît* un peu Jésus.

Lis, s'il te plaît, le chapitre 24 de l'évangile de Luc, v. 28-32.

— on se sent *fraternel*, ami aux autres.

Voici un 3e texte à lire : dans la 1re épître de Paul aux Corinthiens, ch. *11*, v. 17-34 ;

— on se sent *envoyé* dans la vie où Jésus nous attend aussi.

4e texte : Matthieu, ch. *28*, 16-20.

(Ce texte ne parle pas de la messe, mais il indique bien le souhait de Jésus quand ses disciples sont réunis).

Tu as dans ces textes des trésors de la foi.

Ce que croient les chrétiens

L'eucharistie permet aux baptisés de rejoindre Jésus dans *le plus profond* de lui et avec *le plus profond* d'eux-mêmes : il donne sa vie par amour et nous propose de faire de même.

On parle parfois, au sujet de la messe, de « cérémonie ». Il vaut mieux dire : « *célébration* ». Ce mot correspond plus au sens de la messe et indique que l'on « pratique » avec d'autres en y trouvant de la joie.

L'eucharistie a lieu en général le *dimanche* ou le samedi soir car c'est le moment où la communauté chrétienne se rassemble.

LE DÉROULEMENT DE LA MESSE

1. On est rassemblés, on écoute la parole de Dieu ; on proclame sa foi.

2. On met en place du pain et du vin sur l'autel (offertoire) et on invoque l'Esprit Saint pour qu'il rende présent Jésus son Fils (préface, prière d'action de grâce).

3. Puis on dit le récit de ce qui s'est passé le soir du Jeudi saint (mémoire et attente).

4. On prie Dieu à nouveau pour qu'il unisse toute l'Église (vivants et morts) à Jésus et la fasse entrer dans son offrande (prière d'offrande).

5. On se sépare après avoir été envoyés.

La messe, on y arrive parfois seul et, peu à peu, on s'y retrouve *avec d'autres*. On est invité par Dieu, au fond. On s'associe au « corps du Christ », c'est-à-dire à l'Église.

Comme le baptême, l'eucharistie (= remerciement, action de grâce) est un *sacrement* : un acte de Dieu pour faire vivre l'Église et chaque chrétien.

Cela est bonne nouvelle pour toi ?

Difficultés

« Je ne vais pas à la messe parce cela ne m'apporte rien. » *(un jeune)*
Comment savoir ? Qu'est-ce que l'on attend exactement ?

« Ceux qui vont à la messe ne sont pas meilleurs que les autres. » *(air connu)*
Mais qui est juge ?

« Je prie très bien chez moi, je n'ai pas besoin d'aller à la messe. » *(un homme)*
Et les autres ? Et leur présence ?

« Il y a des métiers qui rendent difficile le fait d'aller à la messe. » *(commerce)*
Bien sûr. Mais est-ce le cas général ? Et ne peut-on résoudre le problème ?

« Comment aller à la messe si les gens qui sont comme soi n'y vont pas ? » *(un jeune)*
Peut-être vaut-il mieux y aller à plusieurs.

« Tous les dimanches, c'est beaucoup. »
Cela se peut, mais on en fait des choses chaque jour et chaque semaine !

POUR ALLER PLUS LOIN

Refais le schéma du déroulement de la messe sur ton carnet ou ton cahier en mettant un mot pour chaque numéro.

Aller à la messe avec quelqu'un, n'est-ce pas mieux que d'y aller seul ? On peut en reparler après... Tu peux faire cette expérience ?

37 EN UNION AVEC LES CHRÉTIENS : LE CARÊME

ILS ONT LA PAROLE

Les chrétiens déjà baptisés se préparent, chaque année, à la fête de Pâques par le temps du Carême. As-tu entendu parler de ce qu'ils font pendant ce temps ?

Ce que vivent les chrétiens

• Chaque année, les chrétiens se préparent à Pâques pendant 40 jours, le temps du *Carême*.

Ce temps est marqué de trois manières.

• Tout d'abord, une *prière* plus nourrie et plus régulière, pour s'ouvrir à Dieu et lui demander sa lumière et sa force.

• Ensuite, une *vérification* de la vie quotidienne : qu'est-ce qui est usé, fatigué ? Qu'est-ce qui doit être changé ou remplacé ? Cela a rapport avec la prière. Car c'est Dieu qui peut venir à notre aide, nous pardonner et nous relancer.

• Enfin un *partage* avec d'autres (notamment les pays en voie de développement), ce qui suppose que l'on révise sa consommation et que l'on élimine une ou deux choses superflues ou même utiles (c'est ce que veut dire le jeûne).

Le Carême est donc *un temps fort annuel* pour tous les chrétiens qui se sentent solidaires de l'Église et qui veulent vivre au rythme des autres chrétiens.

Là où tu vis, il y aura ou il y a des propositions (actions de carême, célébrations pénitentielles, etc.). Renseigne-toi et vois ce qui peut entrer dans ta recherche cette année.

Paroles évangéliques

Une *parabole* à réfléchir personnellement.
Tu lis en Luc, ch. *6*, v. 47-49 (bâtir sur des fondations).

> *Qu'est-ce que ce texte te dit, à toi ?*

Un *récit* à lire et à réfléchir avec ton accompagnatrice ou ton accompagnateur.
Jean, ch. *4*, v. 1-42 (l'histoire de la Samaritaine).

— Jésus dit : « Donne-moi à boire ».

> *Cette demande va loin ?*

— L'eau qui est vie éternelle.

> *Une eau de baptême ?*

— Adorer Dieu en esprit et en vérité.

> *Que comprends-tu ?*

LE CREDO DES CHRÉTIENS

(la profession de foi du baptême)

Je crois en Dieu, le Père tout-puissant
créateur du ciel et de la terre.

Et en Jésus-Christ, son Fils unique,
notre Seigneur,
qui a été conçu du Saint-Esprit,
est né de la Vierge Marie,
a souffert sous Ponce Pilate,
a été crucifié, est mort, a été enseveli,
est descendu aux enfers
et, le troisième jour, est ressuscité des morts
est monté aux cieux,
est assis à la droite de Dieu, le Père tout-puissant,
d'où il viendra juger les vivants et les morts.

Je crois en l'Esprit Saint,
à la sainte Église catholique,
à la communion des saints,
à la rémission des péchés,
à la résurrection de la chair,
à la vie éternelle. Amen.

> *Fais apparaître (au besoin, en* colorant*) les 3 parties du texte.*
> *Nous te proposons d'écrire sur ton cahier ou ton carnet,* après *chaque partie, la « bonne nouvelle » qui t'est dite (en résumé : 1 ou 2 lignes).*
> *Puis nous te demandons d'écrire* en face *de chacune des trois parties ce que tu dirais avec des mots d'aujourd'hui pour dire la même chose.*
> *Les chrétiens disent, à la messe, un Credo plus développé. Tu peux le trouver dans un missel.*
> *Regarde ce qui a été précisé dans ce second Credo.*

A QUOI TU DIS NON ? A QUOI TU DIS OUI ?

Pendant la nuit de Pâques, les chrétiens disent qu'ils ne sont pas d'accord avec certaines manières de vivre et qu'ils sont d'accord avec d'autres.

Voudrais-tu dire à quoi tu dis non, toi, aujourd'hui, dans la vie actuelle ? et à quoi tu dis oui ?

Tout cela, tu pourrais l'écrire en résumé dans ton cahier ou ton carnet.

38 CROIRE PRATIQUEMENT (PRATIQUANTS ?)

TU AS LA PAROLE
« Tout ce que dit la religion, c'est bien beau, mais ça plane. C'est en l'air. Ce n'est pas pratique »
(un jeune père de famille).
As-tu envie de réagir à ces paroles ? Comment ?

Ce que vivent les chrétiens

Le Royaume de Dieu est comme un trésor que l'on porte en soi et dont on sait la valeur (Matthieu, *13,* 44-45). Il est aussi comme une graine qui va germer (Luc, *13,* 18-19) ou comme la levure qui fait lever la pâte (Luc, *13,* 20).

Mais un trésor peut être volé et disparaître (Luc, *12,* 35-48). Une graine peut tomber sur un sol aride où elle ne peut germer (Matthieu, *13,* 3-9). La levure peut parfois être vieillie et périmée.

Par conséquent, si l'on veut être pratique, il ne faut pas rêver. Il faut être réaliste. C'est-à-dire ne pas laisser la foi se rouiller, s'user. Ne pas la laisser se recroqueviller sur elle-même ou « tourner » seulement à mi-régime.

C'est pourquoi les chrétiens devraient être des gens pratiques, des « pratiquants » : dans la vie de tous les jours, dans la solidarité avec les autres chrétiens, dans la prière, etc.

|| *Et toi, ta foi, elle est pratique ?*

Témoignages de chrétiens

« J'ai eu un passage à vide, à la suite d'un deuil dans ma famille. Croire ne me disait plus rien. Et puis ça m'est revenu. J'ai repris le goût de lire l'Évangile, d'aborder les autres et de prier. »

|| *Tu comprends ce qui s'est passé ?*

« J'ai voulu vivre l'Évangile tout seul, à mon compte. Car l'Église ne me plaît pas beaucoup. Et puis j'ai senti que je tournais en rond. »

|| *Tu vois ce qu'il a vécu ?*

A GARDER EN TA MÉMOIRE

Parole de Jésus : « Quiconque a mis la main à la charrue et regarde en arrière n'est pas fait pour le Royaume de Dieu. »

(*Luc*, **9**, *62*)

Difficultés aujourd'hui

Être pratiquant, ce n'est pas seulement pratiquer la prière, l'eucharistie ! D'accord,

> *mais l'eucharistie n'est-elle pas vitale pour nourrir la foi ?*

La pratique chrétienne c'est d'agir au jour le jour, là où l'on vit. D'accord,

> *mais si l'on laisse la prière s'ankyloser, est-on encore dans l'esprit de l'Évangile ?*

On dit que chacun doit être lui-même et que le Christ nous appelle personnellement. D'accord,

> *mais si l'on est sans Église, sans prière commune, sans réunion avec d'autres chrétiens, la foi a-t-elle toutes ses chances ?*

On dit que la messe du dimanche doit correspondre à quelque chose, pour nous nourrir. D'accord,

> *mais si l'on s'écoute trop, si l'on ne va à la messe que quand ça plaît, est-ce qu'on garde le souffle ?*

TEXTE ÉVANGÉLIQUE

Voici une parole de Jésus où l'on voit que le sel qui donne du goût aux aliments peut s'affadir.

« C'est une bonne chose que le sel. Mais si le sel perd sa saveur, avec quoi le saler ? »

(*Luc*, **14**, *34*)

Le sel, pour Jésus, c'est la Parole de Dieu.

Mais si cette Parole s'use, perd de son goût, faute d'être entretenue en nous...

POUR ALLER PLUS LOIN...

> *Sur ton carnet ou ton cahier, tu écris le mot « pratiquement » et tu écris autour d'autres mots qui se présentent à ton esprit.*
>
> *Pour être un chrétien ou une chrétienne pratique, sur quoi aurais-tu, toi, à mettre l'accent ? Tu veux l'écrire pour pouvoir y repenser ?*

39 REPARLER DU BAPTÊME ET DE L'EUCHARISTIE

TU AS ÉTÉ BAPTISÉ(E)

Cette fiche est prévue spécialement pour les personnes qui viennent d'être baptisées et de communier à l'âge adulte, et qui ont été guidées dans leur préparation par ces fiches.

• Si tu viens d'être baptisé(e) ou si tu viens de communier pour la première fois, veux-tu qu'on en reparle ?

L'expérience des premiers chrétiens

Dans les premiers siècles de l'Église, quand on avait été baptisé et quand on avait communié pour la première fois à l'âge adulte (donc en principe pour Pâques), on prenait une semaine de « congé » pour *repenser* à tout ce qu'on avait vécu.

L'idée des chrétiens, à ce moment, c'était que les grands moments de la vie — et notamment le baptême et l'eucharistie — se comprenaient mieux quand on y *réfléchissait* après coup pour mieux s'en pénétrer.

Aujourd'hui, dans l'Église du XXe siècle, cela se fait toujours. C'est pourquoi tu as eu sans doute déjà l'occasion de reparler de ton baptême et de ta première eucharistie avec ton entourage et avec d'autres nouveaux baptisés. Nous voudrions te proposer d'y *revenir* encore.

> *Qu'est-ce qui t'a touché(e) pour ton baptême et ta première eucharistie ?*

Le baptême et l'eucharistie : des gestes de Dieu

• En recevant le baptême et l'eucharistie, tu as reçu *deux dons de Dieu* : ce sont des dons qui font *passer* d'une manière de vivre à une autre :

— comme le passage du peuple hébreu (exode) traversant la mer Rouge pour aller *de l'esclavage à la liberté* (tu peux lire dans le livre de l'Exode au ch. *14*, v. 15-31). Le baptême, c'est un passage libérateur par l'eau. L'eucharistie, c'est un aliment pour la traversée et la marche du peuple libéré ;

— comme le passage *de la nuit à la lumière* :

« Jadis, vous étiez ténèbres, maintenant vous êtes lumière dans le Seigneur. »
*(Épître de Paul aux Éphésiens, **5**, 8)*

Le baptême est un bain de lumière. L'eucharistie est du pain qui illumine le cœur ;

— comme le passage *de la solitude* à la vie *dans un peuple* où l'on a une place et un rôle :
« A présent, dans le Christ Jésus, vous qui étiez loin, vous vous êtes rapprochés, grâce au sang du Christ. »

(Épître aux Éphésiens, **2**, *13)*

Le baptême, c'est une eau qui rassemble. L'eucharistie, c'est une assemblée qui met en union profonde celles et ceux qui y prennent part ;

— comme le passage *d'un état inachevé* (comparable à celui d'un petit être avant l'accouchement) à un état de vie où l'on peut être *soi-même* et aimer *les autres*.
« Naître d'Eau et d'Esprit, c'est pouvoir entrer dans le Royaume de Dieu. »

(Jean, **3**, *5)*

Le baptême est une nouvelle naissance.
L'eucharistie est une nouvelle nourriture pour le cœur et pour la foi ;

— comme le passage de *la mort* (car une vie dans les ténèbres, la solitude et le péché est bien près de la mort) à *la vie* (une vie neuve).
« Regardez-vous comme morts au péché (= à la vie que vous aviez jusqu'ici) et vivants pour Dieu dans le Christ Jésus. »

(Épître de Paul aux Romains, **6**, *11)*

Le baptême est une ouverture sur la vie d'après la mort. Et l'eucharistie est un pain d'éternité.

Prends le temps de réfléchir à ton baptême et à ta (ou tes) première(s) eucharistie(s) en réfléchissant en même temps à ce que te dit l'apôtre Paul. Cela élargira ta propre réflexion.

Se souvenir du baptême et de l'eucharistie que l'on a reçus...

Se souvenir...
Comme *Marie* après la naissance de Jésus : « Elle conservait avec soin tous ces souvenirs et les méditait dans son cœur » (Luc, *2*, 19).
Comme *les disciples d'Emmaüs* après avoir rencontré Jésus ressuscité : « Ils racontaient ce qui s'était passé en chemin et comment ils avaient reconnu Jésus au geste du pain rompu et partagé » (Luc, *24*, 35).
Se souvenir... c'est assimiler ce que l'on a vécu.

POUR ALLER PLUS LOIN...

La bonne façon de te souvenir de ton baptême et de ta première communion, ce sera — peu à peu — de vivre en baptisé(e) et de prendre part à l'eucharistie.

Le baptême et l'eucharistie : c'est un point d'arrivée ! Mais c'est aussi... un point de départ !
On est baptisé pour l'avenir.
Et l'on reçoit l'eucharistie pour en prendre le goût et en avoir besoin.

POUR GARDER EN MÉMOIRE

« Vous tous qui avez été baptisés dans le Christ, vous avez revêtu le Christ, alléluia ! »

(chant des chrétiens d'Orient et de Russie)

Ici prend fin une deuxième phase du chemin catéchuménal.

Beaucoup a été réalisé. On est désormais en mesure de vivre de l'Évangile et de porter en soi un goût et une responsabilité de la foi et de l'Église.

Mais, en christianisme, il y a une conviction : on n'assimile tout à fait ce que l'on a vécu et reçu que si l'on reprend et approfondit ce qui s'est passé. D'où : une troisième phase s'annonce qui, en principe, conduit à la confirmation (ou à son « équivalent », si l'on est déjà confirmé).

LISTE DES FICHES

1re SÉRIE

1. Où en es-tu, toi qui commences ?
2. Croire, on peut
3. Dieu, une présence
***4.** Dieu aime tout le monde
5. Dieu est créateur
6. Aller vers Dieu : Abraham
7. Traverser des obstacles : Moïse
8. Prier Dieu
9. Jésus, témoin de Dieu
10. La vie de Jésus
***11.** Jésus nous fait découvrir comment Dieu nous connaît
12. Jésus n'est pas d'accord avec tout
13. Pour Jésus, il y a toujours de l'espoir
14. Jésus nous dit : nous pouvons être frères et sœurs
15. Lire la Bible
***16.** Jésus appelle à le suivre
17. Où en es-tu ?
18. L'entrée en Église ou la première profession de foi

2e SÉRIE

19. Le baptême de Jésus
20. Jésus s'intéresse à la vie des gens
***21.** Jésus appelle à se convertir
22. Jésus nous apprend à prier
23. Jésus nous dit : le pardon, ça libère
24. Jésus fait (parfois) des miracles
***25.** Jésus prend parti sur le bonheur et la souffrance
26. Les malentendus entre Jésus et son entourage
27. Le dernier repas de Jésus
28. La mort de Jésus
29. Jésus est ressuscité
***30.** La résurrection de Jésus et nous aujourd'hui
31. Pourquoi dit-on que Jésus est Dieu ?
32. Où veux-tu aller ?
33. Baptisés dans le Christ
***34.** Le peuple de Dieu : l'Église
35. C'est le moment ! Appel décisif
36. Jésus nous invite à son Eucharistie
37. En union avec les chrétiens : le Carême
38. Croire pratiquement (pratiquants ?)
39. Reparler du Baptême et de l'Eucharistie

NB
*— Les fiches marquées d'un * peuvent être « faites » en groupe.*
— Les fiches 1, 17, 32, sont des propositions pour faire le point.
— Les fiches préparant directement à une étape sont les fiches : 18, 35 et celles qui traitent des deux sacrements : baptême et eucharistie.
— Une 3e série de fiches, préparant à la confirmation, fait l'objet d'un second fascicule.

Toutes les photos sont en Droits Réservés (D.R.)

Achevé d'imprimer par Corlet, Imprimeur, S.A.
14110 Condé-sur-Noireau (France)
N° d'Éditeur : 4760 - N° d'Imprimeur : 9689 - Précédent dépôt légal : avril 1991 - Dépôt légal : juin 1993
Imprimé en C.E.E.